つくし・救いのみち

木下寿美子著

道 友 社

目次

生いたち――脇の浜にて

この丘の上の教会（天浦《あまうら》分教会）の南縁に立つと海がよく見える。潮流の速い明石《あかし》海峡である。ここに教会のできたころのような眺望《ちょうぼう》は、いまはなくなったが、それでもここから見える海の、四季とりどりに変わるさまが、じんと私の胸に伝わってくる。霞《かす》んで見える春の海、ギラギラと眩《まぶ》しく、眼を射るような夏の海。嵐のときは、ここにいても高波に引き込まれるような気がするし、荒れ狂う冬の海を見ると、心が重い。

それぞれに、ときときに変わる海のさまのように、私は幾重の道をお連れ通りいただいてきた。その道すがらを書き残してはと、お勧めいただいたこともたびたびあったが、私は自分の柄にもないことと、その気にもならず過ごしてきた。しかし、考えてみれば私の通った道も、貧しいながらそれはそれなりに、一つの意味、一つの色を持つものかもしれないし、七十年かかって描き上げた一枚の自画像でもある。この自画像を残しておくことも、道のうえの何かの足しにならぬものでもあるまいと考えて、拙《つたな》い筆をとることとした。ご覧いただけたら幸いと思う。

物心ついたとき、私の家（西村）は神戸の東部、脇の浜にあった。家の北側に、昔大名行列が通ったという西国街道があり、そこの阿弥陀寺に名高い「法然松」が聳《そび》えていた。その当時ここは漁師町で、そこで釣具商を営む家に私は生まれた。

西村の家は、祖父（西村直吉）が泉州岸和田《せんしゅうきしわだ》の旧藩士であったが、明治維新のとき、「掌《てのひら》の上にのるだけの金」をもらって禄《ろく》を離れた。縁故を頼って神戸に来たが、そのころは年をとって、毎日酒に親しんでいた。祖母は優しい人で、よく可愛《かわい》がってくれた。私たちとは別居しており、母の言いつけで祖父母の家へお使いに行くのが、私には楽しみの一つであった。

父（西村寅吉）は、この脇の浜の家から毎日、歩いて生田前《いくた》（国鉄三ノ宮駅の西北三〇〇《メートル》くらい）の新谷という家へ勤めに行っていた。その家は人力車の幌《ほろ》張りを業としていたが、のちに父は、譲られてその仕事を継ぐこととなった。当時、父の収入で家計は保てたらしいが、身体《からだ》は丈夫でないのに働き者の母は、家で釣具店を開いていた。この辺から東の東明《とうみょう》の浜へかけて、魚釣り場として賑《にぎ》わっていたからである。

母（とも）の実家は忠臣蔵で名高い播州《ばんしゅう》赤穂《あこう》で、土井家という。学者の家柄で、両親とも物堅く、まじめな人であったらしい。母はそんな家に育って、年ごろになってもお化粧をしたこともなく、結婚も好まず、できるならば一生独身で暮らしたいと思っていたそうであったが、勧められるままに気の進まぬ結婚をした。どうしても夫に愛情が持てず、苦しい毎日を送っていたが、そのうちに妊娠したので、何とか辛抱しようとした。しかしそれもできず、とうとう身重のまま実家へ帰ってしまった。

両親は叱《しか》りもし、なだめもして、何とか元に復そうとしたが、母はどうしても聞き入れず、とうとう両親も諦《あきら》めて、人を仲に入れて離婚の話をつけた。

生まれた児《こ》は他家へ養子にやったが、そのうち母の弟が結婚することになったので、出戻りの身で家に居づらくなり、妻を亡くした私の父との間に再婚話が出たのを幸いに、急いで話をまとめ、逃げるように再縁してきたという。私の両親は、そんな夫婦であった。

父と母との間には、六人の子供が生まれた。上の兄二人は幼少のときに亡くなり、三人目の四郎、私のすぐ上の兄末吉、この四人の男の子の後へ、私が初めての女の子として、明治三十八年（一九〇五年）三月十日に生まれた。後に、妹の蔦《つた》がある。上の男の子二人が亡くなってのち、父は好きであった魚釣りをプッツリやめてしまった。母も釣具店をやめて、今度は米屋を始めた。

母は決して丈夫な身体でもないのに、米屋を開いた。私を出産したすぐ後、近所の親しい友達の家に泥棒が押し入り、その話を聞いて産後で血が若かったというのか、気を失って倒れた。ようやく意識を取り戻したが、そのときから、当時で言った〝血の道〟、現在のリウマチを病んでしまった。手足が激しく痛んで苦痛に呻《うめ》いた。母はそれからほとんど一生涯、この病気で苦しむこととなったのである。

私は五歳のとき、母の姉ツタ（津田）の家に預けられた。伯父《おじ》にあたるツタの主人、津田馬之助は、この当時、国鉄中央線の坂下《さかした》駅（中仙道の宿場町馬籠《まごめ》に近いところ）の駅長をしていた。伯父も伯母《おば》も、長男でそのころ中学生であった盈寿《みちとし》という人も、私をとても可愛がってくれた。私が坂下にいたときのことを、盈寿さんが歌に作っている。

一、母の手許《もと》をたちはなれ
　　身を落ちつけしは美濃《みの》の国
　　疎水《そすい》の流れ清き里
　　月は山より山に入る

二、我が国第二の開港場
　　神戸の街に住みし身に
　　かかる山家《やまが》に来《きた》りては
　　さすがに父母が恋しくて

三、朝な夕なに西の空
摩耶《まや》のあたりを眺《なが》めては
ふもとに住めるはらからの
父母のお顔を思い出す

四、三人《みたり》の姉は朝夕に
すみ子すみ子とかわいがり
庭に作ったブランコに
いつも私をのせなさる

五、こう皆さまに愛せられ
淋《さび》しい思いもないけれど
三度に一度は叱られて
思わず泣くことありました

翌年、私が六歳のとき、伯父は定年となって駅長を辞め、伯母ツタと、盈寿、操《みさお》、隼人《はやと》、かね、綾子の五人の子供と、私を連れて神戸に帰ってきた。伯父は長年勤めて恩給もついており、長男の盈寿はすぐ神戸税関へ勤めたが、そのうち胸を病むようになった。そのころは不治といわれた結核で、長い闘病生活の末、亡くなってしまった。これが始まりで、長女の操も同じ病気になった。このとき、伯母のツタはにをいがけを受けて入信したが、翌年次男の隼人、その翌年次女のかねと、五人の子供のうち四人までが、毎年一人ずつ肺結核のため出直してしまった。

後に残された末娘の綾子までが、もしこの病気になっては、まさに一家断絶という瀬戸際に立ったが、既に綾子も医者から見離されていた。こうまでなっては、もう一刻の猶予もできないと、ツタは道一条を通ることを決意し、綾子を連れて教会（名田《なだ》支教会）へ住み込んで、日夜布教につとめ励んだ。この伯母津田ツタは、その後も道一条を貫き通して、八十二歳の生涯を全うした。この人は、西村家の信仰に深い影響を与えてくれた方である。

私が家に帰った翌年、母はいままでより広い家へ移って、米屋を続けた。母に商才があったのかどうか分からないが、相変わらずのリウマチで、痛い痛いの連続である。そのなかで、九歳の兄末吉と七歳の私を相手に、米屋をしようというのであった（上の兄四郎は他家へ養子に行き、妹の蔦も生後すぐもらわれていった）。家は名田支教会の借家で、教会とは板塀一枚でつながり、教会でのおつとめはもとより、話し声も手にとるように聞こえた。

教会の内情が耳に入るためかどうか、母は伯母のツタがいくら勧めても、天理教の信仰はしないと言っていた。家の前にキリスト教の日曜学校があり、その近くには「法然松」で名高い阿弥陀寺があって、子供の遊び場になっていたが、私は米屋の手伝いがないときは、隣の天理教会へよく遊びに行った。

教会の奥様は一人娘で、会長さんは養子である。会長さんはいつも優しく私の頭を撫《な》でて、

「あんたはかしこい子や。あんた、大きいなったら偉い人になるで。あんたのお父さんは親孝行な人やからな」

と言ってくださった。丸まげの髪をきれいに結って、神殿の横にある事務所に座っておられる奥様を見ると、私はなぜか、

「おばさん、肩をもみましょうか」

と言ってしまう。すると、奥様は、

「ハア、もんでくれるの。頼みますわ」と言われる。それで肩をもむのであるが、いつまで経《た》っても、もうよろしいと言われない。私は七歳ぐらいで大人のような力があったが、それでも一時間ぐらいもむと疲れてくる。子供心にも、黙ってやめるわけにはいかないし、奥様が何も言われないので情けない気がして、そんなときはもう教会へ行くのをやめようと思うが、いつか忘れてまた足が教会へ向かうのであった。

その奥様は一人娘なのに、十四人もの子供を産まれ、いつもお産の翌日からもう起きておられるので、さすが天理教と近所の人たちは噂《うわさ》していた。

母が丈夫でないので、米の配達は兄と私の受け持ちであった。米の配達をするために、兄はずいぶん学校を休み、私も一カ月の半分くらい休むことがあった。

父は米屋に関係なく、毎日人力車や馬車の幌張りの仕事に通っていた。柳行李《ごうり》の弁当を持って、一里半（約六キロ）ほどもある勤め先へ出かけ、夕刻には寸分違《たが》わず帰ってくる。私は母の言いつけで、いつもバケツに水をくんで、父の足を洗ってあげることに決まっていた。

食事のとき、夏ならば私は大きなうちわを両手で持って、父を扇ぐ。父はもういいと言うが、母の顔を見ると、やめずに続けて扇ぐようにと合図をするので、食事の終わるまで扇ぎつづける。食事が済むと、肩をもんであげることもあった。父は本当に、まじめによく働く人であった。

兄は学校を休んでも、一生懸命に米屋の仕事をし、私もそれを手伝う。現在ではとても考えられないようなことであったが、私は学校を休むことは少しも嫌《いや》と思わず、母の喜ぶ顔を見るのが楽しみであった。しかし、いまと違って、母は子に向かってお礼を言ったりしないし、あまり慰めの言葉など言わない。私もまた、お礼など言ってもらおうと思わないし、こうすることが当たり前だと思っていた。けれども、母が内心では喜んでいることは、子としてよく感じていた。それでなおさらよく働いた。遊ぶ暇などは、ほとんどなかった。

学校をよく休む兄も、さすがに遠足のときなどは他の生徒と一緒に行きたがった。それは当然であったし、母も何も言わなかった。あるとき、兄が遠足に行ったので、私が米の配達をすることになり、一俵（約六〇キロ）の米を鉄でつくった乳母車《うばぐるま》のような車に積んで、押して出かけた。それがどうしたことか道のまん中で、車が私の持っているハンドルのほうへ引っくりかえり、米俵が落ちて、私はその下敷きになってしまった。起き上がることもできず、思わず「たすけて」と叫ぶと、近所の人が飛んできて抱き起こしてくれたが、そのとき前歯を二本折ってしまった。この前歯二本は抜けて、後へ生えた歯は二本とも歪《ゆが》んでいた。

母は私に勉強のことなどひと言も聞いてくれず、もちろん運動会や学芸会に来てくれたこともなかったが、私は、母から働くことの尊さと、何でもすればできるということをしっかり教えられたと思う。体操の時間であったか、何かのときに、ある生徒が先生に、

「西村さんの手や足は、なぜあんなに大きいのですか」

と聞いたことがあった。先生はしばらく考えていたが、

「西村さんは幼いのによく働くから、あんなに手や足が大きくなったのですよ」

と言われた。私は恥ずかしくなって、それからは人の前へ行くと、すぐに手

を後ろに隠す癖がついてしまった。

小学三年生ぐらいになると、私は一俵の米を担げるようになった。米屋の仕事とともに、家事もほとんど私の受け持ちであった。ご飯も炊くし、母に教えられてお菜《かず》も作った。それより大事なのは燃料集めであった。家は海岸に近く、浜へ行くと船大工の人たちが木造の船を作っている。その仕事場で木屑《くず》やかんな屑をもらうのである。時には船の中を掃く箒《ほうき》を持っていったり、お饅頭《まんじゅう》を持っていくと、私に持ちきれないほどの木切れをくれることがあった。もらってくる木は使いきれずに、二階が広いので積み上げてあった。

そのうちに私は、家の暮らしが決して楽でないのに気づきはじめた。父の休みは毎月一日と十五日であるが、父が家にいるときは、母は何となく落ち着かず、私にそっと言いつけた。それは、お父さんのいるときにAさんが来たら、今日はお父さんがいるから日を変えてくれと言うこと、そして、入り口のところをよく注意しているようにとのことであった。

私は不思議でならなかったが、だんだん分かってきたのは、母が米屋でかなりの損をしていることであった。米はよく売れているが、お金の集まりが悪く、米を持っていかなければ前の代金を払ってくれないので、また持っていく。それがかさんで、貸金は増える一方であるが、問屋への支払いができない。その借金が三千円（当時としてはとても大金であった）にもなっているのに、母は父に隠して、弱い身体に鞭《むち》打って働いていた。

しかし、問屋はいつまでも待ってくれず、とうとう父にその事実を訴えてしまった。父にしてみれば、まじめに働いて相当な給料を家に入れ、家は家で米屋をしているので、かなりのお金が蓄えられているのかと思っていたのに、借金ができているとは意外である。温厚な父も、そのときは怒って、即座に米屋をやめさせてしまった。いまやめたら貸金の回収もできなくなると母は言ったが、父は取り合わなかった。私の小学五年生三学期のときであった。人に貸したお金もあり、両方合わせて貸し倒れは七千円を超えていた。

米屋をしていたときは、つらいことが多かった。母の病気も心配であった。ある日、私は歩いて一時間ほどかかる所へ、母が明日にしたらと言うのを振りきって、夕方から米の配達に出かけた。米は二斗くらい（約二八キロ）であった。初めは軽く担いで出たが、だんだん持ち重《おも》りして、日も暮れ果てて心細くなり、急に疲れが出て、米を道端の木の下へ置いて泣いていた。通りかかった豆腐売りのおじさんに訳を聞かれて、米の配達先のことを話すと、幸いに私の行く家はその豆腐屋さんの近くであったので、米を豆腐の荷の上に乗せて連れていってくれた。遅くなったからと、その晩は配達先の家に泊めてもらったことを覚えている。父や母に甘えられなかった私は、人に甘えたくて、その家のおばさんが私をとても可愛がってくれていたので、わざとそんなに遅く米の配達に行くようなところがなかったとは言えない。気が勝っているようでも、やはり私も人並みの女の子であった。

六歳から十一歳まで、遊び盛りに遊ぶ時間も与えられず、病気がちの母を看《み》とりつつ働いた暗い期間ではあったが、私の胸にはしっかりと根強く植えつけられたものがあった。それは、脇目も振らず働くことのしつけである。このしつけは、一生離れることのない尊いものであった。母は商売に失敗したが、それはわが家にとって一つの転機となって、新しい方向へ進むこととなった。後になって考えたら、これこそ「節から芽が出る」ということであったのか。

一つの節

米屋の借金返済は、父にとっても大変なことであった。勤め先の主人の新谷氏に相談したところ、若干の援助もしてくれたらしく、そのうえ、この機会にと、車の幌《ほろ》張り業の独立を勧めてくれた。新谷氏はほかにも事業を持っていて、永年勤続の父にこの仕事を譲ってもよいと言ってくれる。父は喜んでこれを受け、家は神戸市生田区北長狭通《きたながさどおり》三丁目（国鉄元町駅北側）に移り、ここで車の幌張り業を営むこととなった。大正四年一月の半ばである。

この仕事はあまり同業者もなく、前の主人の評判もよく、父もまたまじめに働くので、新しく開いた店も初めから繁盛して、生活も少しずつ楽になってきた。母は米屋時代の貸金が忘れられず、父は取り立てに反対であったが、父に内緒で私はよく集金にやらされた。家が引っ越したので行き先が遠くなり、歩いて一時間以上もかかるが、電車にも乗らず歩いていった。途中に賑《にぎ》やかな商店街があり、そこを通っていくのが楽しみであった。しかし集金は思わしくなく、父が反対するので、そのうちにやめてしまった。

私は小学六年生になり、父は進学せよと言うが、米屋時代の度重なる欠席がたたって勉強ができておらず、特に算数が不得手で、進学はおろか、卒業さえやっとというありさまであったから、あまり気が進まなかった。

父は、私が商売のために学校を休み、それがために進学もできないということに、気を遣っていた。あちらこちら探してくれた結果、塩原学園という私立の女学校に入学することができた。ところが、入学して一学期の終わりごろから、何となく身体《からだ》の調子がすぐれず、診《み》てもらったら肋膜《ろくまく》（胸膜炎）という診断を下された。二学期は休み、その末ごろからようやく快《よ》くなったが、医師の勧めで学校はやめ、家で養生していた。母はずいぶん厳しい人であったが、私が病気になってからはとても優しく、自分も身体が快くないのに、よく世話をしてくれた。私は、こんなに優しい母を見るのは初めてだと思った。そのころは家にお手伝いの人も来ていたので、私は家のことをせずともよくなり、外出も自由にできるようになっていた。

伯母の津田ツタの娘さんで、たった一人生き残った、私の従姉《いとこ》に当たる綾子さんが、その当時和裁の仕立物をしていたので、私はそこへ裁縫を習いに行くことになった。そうしてそのついでに、お琴の稽古《けいこ》を近くの先生にしていただいた。いつのまにか私も十八になり、子供から娘に変わろうとしていた。ある事情から他家へ養子に行っていた兄（四郎）の児《こ》を預かって育てることになった。娘が乳呑《ちの》み児を抱いて裁縫を習いに行くのを、道行く人によく変な眼で見られた。綾子さんが仕立物をしても、その収入は知れたものであったと思うが、伯父もツタ伯母とともに教会に住み込むこととなり、綾子さんと三人で、不自由をよく忍んで、教会の御用をつとめていた。

私の家のすぐ隣は、木下といって電気器具や建築金物の商売で、長之助、りょうの夫婦の間に、一夫、栄太郎という兄弟があった。長男の一夫さんが県立商業に入学したが、家からの通学が遠いというので、下宿を探していた。その話を聞いた母の口利《き》きで、学校に近い名田支教会に泊めてもらうことになった。私も教会に住み込んでいる従姉の綾子さんに裁縫を習いに行くので、一夫さんと教会で時に出会うことがあった。

父の仕事は順調で、借金も返し、家計も楽になった。母は私のためによく呉服物を買った。一つには私の裁縫の材料であるが、また私がお嫁入りするときに肩身の狭い思いをさせたくないという親心からでもあった。母は裁縫のよくできる人で、足袋《たび》も自分で縫ってこしらえたものと言っていた。母は自分で私に裁縫を教えたかったが、身体が弱いために、綾子さんに頼んだものと思う。それはよいが、母が次々と、多いときには一時に五反ぐらいも買うことがあるので、私はその仕立てに追われて必死になっていた。

娘時代であるのに、その時分の私は全く忙しかった。朝は四時半に起きて、母に着物を着せる。銭湯が五時からあるので、その一番風呂に行く。母はまだ誰《だれ》も来ていない間に入浴したがるのである。お風呂で母の身体を母の気に入るように洗ってあげて、着物を着せて連れて帰る。帰ってくると六時で、すぐにご飯を炊き、皆に食べさせて後片づけをし、掃除、洗濯をする。それが八時までに終わらなかったら、母がすぐに泣く。私がちょっとでも母の思い通りにならないと泣くので、そんなとき父は私を強く叱《しか》り、母に逆らわないようにと言う。私も母の思うようにしたいと思っているが、忙しいのでつい母を泣かせてしまうこともあった。

家は一階全部が仕事場で、人力車などには漆《うるし》を使い、ムロといって閉めきったところで仕事をしていた。忙しいときは二階でも仕事をしたが、漆は特に埃《ほこり》を嫌うので、掃除は厳しかった。家事についての母のしつけも厳しく、洗濯物から水が垂れたりするとやかましく叱られた。ご飯は薪《たきぎ》で炊くが、始めの燃えやすい木、中ほどからの火力の強い木を選《よ》り分けて、かまどの前に積んでおかねばならない。時間を惜しんで洗濯物をためておくことがあると、見つかっては叱られる。裁縫を習いに行かない日、私の残りの時間は全部、仕立て仕事にあてられる。一日に一枚の着物を仕上げなければならない。寸刻を惜しんで必死に縫い物をする私を、そばに床をとって母は楽しげに見守っていた。

婚期の近づいてきた私に、母は心を配っているらしかった。しつけも一層厳しくなった。三度の食事にも、私にはお菜《かず》のないことがたびたびあった。

お漬物ばかりの食事に私は腹が立って、どうして私にはお菜がないのと聞くと、母は、あんただけではない、私もお菜を食べていないと言う。そう言われると、私に副食物がないときには、母にもなかった。どうしてそんなことをするのかと聞くと、母は店の人やお手伝いさんにもお菜のついているのを見ながら、

「あんたは女やから、女は他家へ行ってどんな辛抱もせんならん。いまからその癖をつけておくのや。その代わり、たくさん着物を買《こ》うてあげてある。それは、まさかというときの用意でもあるのやで」

と言う。しかし、私は着せてもらえない着物を作ってたんすの中へ入れておくより、食べるものくらい、ほかの人と同じように食べさせてほしかった。が、それを口に出して言えないくらい、母は真剣であった。

　二階に引きこもって、母と二人きりで仕立物をすることは、私には気詰まりなときもあった。そんなときに、ツタ伯母の来てくれることは救いではあったが、伯母は来るとすぐに天理教の話をしようとして、母の過去のいんねん話になる。伯母が、

「あんたはいま、リウマチという痛い病気で苦しんでいるが、それは前の結婚先から、無理やりに帰ってきたのが原因と思う。そのお詫《わ》びをせんといけません」

と言うと、母はカッとなって、

「姉さんは、来たらいつもそんな嫌《いや》な話ばかりする。そんな話をするために来るのなら、もう来ていらん。天理教の話をするなら、もう来んといてください」

と言う。伯母はそれを聞くと、悲しそうな顔をして帰りかけるが、私は引きとめて、話の聞き役になった。そんなときに伯母は私に、母にするような厳しい話ではなく、本を読んで聞かせてくれた。そのなかに、人間が初めて生まれたときのことや、世界のできはじめたときの不思議な話があった。後になって思えば、それは「元初まりの話」であったが、そのときはただ、不思議な話やなあ、と思って聞いていた。

私は小さい時分に伯母の家へ預けられていたこともあり、伯母は私に深い愛情を持ってくれていた。私もまた伯母を慕っていたので、話してくれることや読んでくれる本は、よく分からないながらも素直に聞いていた。母は、伯母の話は嫌がるけれども、一家が教会に住み込んで苦労していることはよく知っているので、来ると心にかけて、いつもなにがしかのことはしていたと思う。手もとも楽になっていたが、母は人にすることは惜しまない性質であった。

母に妙な一面があった。

私は小さい時分から家事をしていて、忙しかったので友達もなく、遊ぶこともなかったが、裁縫やお琴を習いに行くようになって、少しは余裕もでき、友達もできた。その友達が家に誘いに来ると、母は私にびっくりするようなお金をくれて、一緒に行っておいでと言う。私は喜んで出かけるが、帰ってくると大抵叱られた。常々から母に、友達に誘いに来てもらってはならぬと言われているので、私から友達に来てくれと言ったことはないが、来るとあんなにお小遣いまでくれて行ってこいと言うのに、なぜ帰ったら叱られるのか、不思議でならなかった。

そのころは家にはお手伝いさんもいるので、家事に差し支えはなかったが、母は不自由な自分のそばに、いつも私を置いておきたかったのであろう。いま考えると、私はこの身体の弱い母のおかげで、仕込まれ、しつけられ、どんな辛抱もできる力を与えられたのだと思う。伯母は、母に帰ってくれと言われても、しばらくするとまた運んでくる。そうして同じ話を繰り返す。母は怒りながら、そっと伯母に何か渡す。そんなことが続いていた。親神様のお働きが、静かに動きはじめていることを、母も、私も、もちろん知る由《よし》もなかった。

時は第一次世界大戦の後で、神戸には船成り金とか、戦争中に大変な金儲《もう》けをした人もあって、そのころ流行《はや》りだした自動車を争って買い求めていた。大学出の人でも月給五十円くらいなのに、自動車の運転をする人は、その倍ぐらいの給料をとって、皆に羨《うらや》ましがられた。父の仕事も人力車から自動車に移り、時代の波に乗って忙しく、ずいぶん儲けがあったようである。しかし、実直な父は、事業の拡張を勧められたり、いくらでも資金は出すからと言われても、大きくするなら自分でするからと断って、相変わらずコツコツと働いていた。

兄の末吉は小学生の時分、学校を休んでは米屋を手伝い、米屋をやめてからは、進学を諦《あきら》めて父の仕事を手伝っていた。兄は祖父に似て酒が好きで、酒を飲むことだけが楽しみであった。父は祖父の酒で苦労してきたので、何とかして酒をやめさせようとしたが、兄は酒をなかなかやめられなかった。しかし後年、私が道一条になってから、一番力になってくれたのは、兄と兄嫁であった。この兄が徴兵検査で甲種合格となり、姫路の連隊に入営したので、家は父母と私の三人となった。ここに私の家は、一つの大節を迎えたのである。

その年（大正十三年）四月二十日であったと思う。母が二階から足を踏み外して落ちるという出来事があった。幸いに大したこともなく、しばらく安静にしているほうがよいというので休んでいたが、二、三日後、伯母がおぢばがえりを私に勧めに来てくれた。それは婦人会総会の日であった。母が休んでいるので行くことができず、断りを言うと、伯母はほかの人を連れていった。伯母はもちろん毎月おぢばがえりをしていたと思うが、私に勧めてくれたのは、そのときが初めてであった。

　せっかく勧めてくれたのに、伯母に悪いような気がしながら、私は母のそばで仕立物をしていたが、何げなく母の眠っている布団《ふとん》の中へ手を入れてみると、寝間着が濡れているのでびっくりした。母の性格として、寝ていて粗相をするようなことは絶対に考えられない。「お母さん、お母さん」と呼んでも答えがなく、母は昏々《こんこん》と眠っている。実はその少し前に、吐き気がすると言うので洗面器を持っていったら、少しではあるが吐いた。そのときに気づけばよかったが、私にも経験がなく、母は既に昏睡状態に陥っていた。

　大変なことになったと思ったが、父は出かけて不在、そのとき家には私一人であった。すぐに近所の医者を呼んで応急手当てをしてもらい、父の行き先を八方捜して、ようやく連絡がついた。知らせを聞いて皆が来てくれた。

　飛んで帰ってきた父は、当時医師会の会長をしていた山本という先生に連絡を取って、すぐに来てもらった。山本先生と父は、自動車のことで心安く常に行き来していた。診断の結果、母は脳出血を起こしているので絶対安静、少しでも動かしたら危ないということである。冷やしきるよりほかに手当ての方法がないというので、山本先生の指図によって四人の看護婦が派遣されて、二人ずつ昼夜交代で一生懸命に看護してくれた。私たちはどうすることもできず、母の枕元に座ったきりである。心配で心配で、食事も喉《のど》を通らず、帯を解いて寝ることもなく、何日経《た》ったかさえ分からず、ただ母のそばに座っていた。

来る日も来る日も、母は昏々と眠りつづけた。手をとると、瞬間、脈の止まることがある。何とも言えない不安な気持ちに襲われるが、私は、どんなことがあっても母に治ってもらいたいと思った。母のいないわが家など考えられなかった。私はいつしか一心に、どうかたすけていただけますようにとお祈りしていた。

おぢばから帰るなり伯母が来てくれた。普段から伯母は母の身を心配して、よくおさとしをしてくれたが、母は一向にそれを聞き入れようとしなかった。しかし、こうなっては伯母に頼って、お願いをしていただくよりほかにない。眠っている母の前で、私は、どんなことでもさせていただきますから、どうぞ母をたすけてくださいと、必死になって伯母に願った。そうして、

「伯母さん、母はたすかるでしょうか」

と聞くと、

「あんたの心次第」

と言う。

「どんな心定めでもいたしますから」

と言うと、伯母の示した心定めは、

「別席を運んで、一生信仰をすること。お金十円と米一俵お供えすること」

であった。私はすぐにお受けして、お金とお米は早速、伯母の住み込んでいる名田支教会へ運んだ。

母は昏々と眠りつづけた。四月二十四日の母の発病以来、私は一度も帯を解くことなく、食事も睡眠も、したかしないか分からない日が続いた。ある日、夜中に氷がなくなったので、看護婦さんが氷屋に行ってくれたが、いくら戸を叩《たた》いても起きてくれないと言って帰ってきた。どうしよう、氷が切れたら命が切れるという。それを聞いて私は夢中で氷屋に駆けつけ、戸を必死になって叩きつづけた。とうとう氷屋さんが起きてくれて、氷を持って帰ったときには、さすが親子ですね、違ったものですと、看護婦さんたちを感心させたこともあった。

母は相変わらずの日が続いた。ちょうど五月五日、その日は祖父の亡くなった日に当たり、母が眠りはじめてから十一日目であった。母の身体に衰弱が加わり、呼吸が乱れ、脈も途切れがちとなった。医師の診断では、非常に重体で今日明日が危ないという。急を聞いて姫路の連隊にいる兄も、特に休暇をもらって帰ってきた。知らせによって親戚《しんせき》の人々も皆、来てくれた。

その夕刻、朝からずっと付ききりであった医師は、母の様子をじっと見ていたが、顔を横に振って、

「もうご臨終です。お別れをしてあげてください」

と言った。そのとき、そばにいた叔父《おじ》（母の弟）が立って、仏壇にお灯明をあげようとした。私は夢中で立ち上がって、

「お母さんは死なへんから、お灯明つけるのやめて」

と叫んだ。自分でもびっくりするくらい、大きな声であった。全くそのときは、何と言ったか自分にも分からなかった。皆がびっくりして私のほうを見

た瞬間、母が大きな欠伸《あくび》をしたかと思うとパッと眼を見開いた。昏睡から覚めたのである。私はびっくりした。皆も二度びっくりした。ご臨終ですと言った医師も呆然《ぼうぜん》としている。涙がいっぱいで何も見えなくなった。

私は涙声で、

「お母さん、気がつきましたか。お母さん、ものが言えますか」

と言うと、母はかすかに首を左右に振る。声だけは聞こえるのかと思って、

「耳は聞こえますね」

と言うと、小さくうなずいた。今度は、

「どこか痛いところがありますか」

と聞くと、母がうなずいたので、

「頭ですか、背中ですか」

と言うと、またうなずく。母はよく分かっているのだ。そのときの私の喜び、感激は、何と言ってよいか、とても言葉に尽くせるものではなかった。

医師もそれを見て、

「もう意識を取り戻したから、心配はない。それにしても実に不思議ですな。

くれた人々も、喜んで帰っていった。

と感心して、看護婦を一人残して帰っていかれた。危篤と聞いて馳《は》せつけて

まあ、よかった、よかった」

母は、身体を少しずつ動かしてもよいと言われていたので、首を垂れた形にして寝かせていたのをまっすぐにしたら、あごのところが首につき、そこが腐って肉が取れていた。足も左右のかかとのところがくっついていたので、開くとそこも腐っていた。また、背中も痛いと言うので見ると、大きな床擦《とこず》れができていた。わずか十日あまりで、どうしてこんなことになったのか、私には不思議でならなかったが、それにしてもよほどの重体であったのだと思った。

母が昏睡状態であったとき、私はただ眠りつづけている母の顔を眺《なが》めて、いまごろ母の魂は一体どうなっているのか、こんなとき人間はどういう状態なのかと考えつづけていた。それで、意識の戻った母に、昏睡状態のとき、どんなことを考えていたのか教えてほしいと聞いたことがある。母は遠くのほうを見るような眼をしながら、

「それはマア、そよ風が吹いて、何とも言えん気持ちのよいところやった。毎日土手の青い木の生えているところを、友達と一緒に歩いて楽しかった」と言う。私は、

「それでは、お母さんは極楽へ行っていたんやなあ」

と言うと、母は、

「そうかもしれんなあ。そこへ行く途中に舟があって、その舟に乗ろうと思うんやが、どうしても乗れんかった。そうしたら大きな波が来て、その舟は沈んでしもうた」

とも言っていた。舟に乗れなかったので、たすかったのではないかと思った。

母は、リウマチは依然として残っていたが、脳出血のほうは、十月ごろには完全に治っていた。私たちの生活は、また元通りに返った。

女の職業

私は女の嗜《たしな》みとして、裁縫を習っていた。頼まれて他家の仕立物をするときでも、一銭のお金も頂かなかった。それは母もやかましかった。裁縫を収入のある仕事にしてはならぬというのが、母の考えであった。

私はそのうちに、だんだんと美容の仕事に興味を覚えていった。同性である女の人と親しくできるし、また髪を触ることがとても好きであったので、女としては最もふさわしい仕事であると思っていた。しかし、家庭の事情からそれは、なかば諦《あきら》めていた。ところが、母が病気になって、私が寝食を忘れて介抱したことから、父母の気持ちが動いて、それほど美容師になりたいのであればと、ようやく許しが出た。私は飛び上がるほど嬉《うれ》しかった。けれども考えてみれば、私は二十一歳になっている。もう婚期も近い。普通、美容師になる人は、十五、六歳ごろからその道に入っている。私は五年も遅れて、果たして美容師になれるだろうかという心配があった。

二十二歳になった大正十五年一月、私は西町（現在の元町一丁目）で「ビューティ・パーラー」というお店を開いておられた島崎先生のもとへ弟子入りした。島崎先生は兄（四郎）の友人の奥さんで、海外で美容を習ってこられたという方である。普通の人よりかなり遅れての弟子入りであったが、一度定めた以上は、島崎先生のもとで仕事を覚えて、一生弟子として先生に喜んでいただくよう努力しようと心に誓った。

先生はとても美しい人であった。顔を見ていると何と美しいのかと、まるでギリシア彫刻に見るような美しさなのに、お付き合いをしてみると、失礼ながら全く味のない方であった。人柄は決して悪くないのに、あまりにも人にもてすぎて、ちょっと思い上がっておられるようなところがあった。でも、女の私でも先生の美しさには心ひかれ、先生のために尽くしたいと心に決めて、仕事に打ち込んで励んだ。

島崎先生の「ビューティ・パーラー」のすぐそばに、そのころ神戸で有名であった「紺谷美容院」というお店があった。ここは神戸のトップクラスで、外国人のお客も多く、とても繁盛していた。私は、自分の勤めている「ビューティ・パーラー」をそれくらいにまで持っていきたいと思った。美容の道に入ってまだ日も浅いのに、そう決心をした。そうして努力すれば、必ずそれはできると信じた。月に四回のお休みも返上して、私は一人ででもお店へ出た。これは実は、先生は気に入らなかったのだが、私はお店へ出て掃除したり、お稽古《けいこ》したりして一日を過ごした。時には休みを知らずに来るお客もある。私は自分のできるだけのサービスをした。もちろん、お金などは頂かない。稽古させてもらえることが、ありがたかった。これはのちに私がお店を辞めるまで続けた。

島崎先生のご主人は利口な人で、お金儲《もう》けが大変うまく、奥さんの美容院の収入など全然あてにしておられなかった。先生に美容の経験があり、お姑《しゅうとめ》さんと多少合わないところがあるので、一緒にいるよりはと美容のお店を出させてあげている、という事情なので、私の力むほど先生はお店に力が入らないのであった。しかし、私はそんなことに関係なく、私の性分として一生懸命であった。お店の仕事以外でも、先生の着物を仕立てたり、かしわ（鶏肉）が好きというので（先生は名古屋生まれの人であった）、大石というところにおいしいかしわを売る店があると聞いて、遠いそこまで行ってかしわを買ってきたりするのは、たびたびのことであった。母は、私が美容の見習いに行って、なぜそこまでしなければならぬのかと不思議がり、女学校へ入れるよりお金がかかると言って笑っていた。

そのうちに先生が妊娠されていることが分かった。初めてのお産で、先生はしばらく休まれることとなり、私の上にお弟子さんが一人いたが、その人を主にしてやってくれということになった。ところが、その人が急に結婚が決まって辞めてしまい、残されたのは私と、後に入った人との二人になってしまった。仕方なくこの二人で、六カ月間どうにかお店は持ちこたえた。先生はのんきに六カ月も店を休んでしまわれたが、私にとってずいぶん困ったこともあった代わり、後々のためにはよい勉強になったと思っている。

私は初めに決心したように、このお店で生涯勤めて、先生に尽くすつもりでいた。その決心は変わらなかったけれども、肝心の先生のほうが変わってきた。先生には子供っぽいところがあって、よくわがままを言われるので、ご主人も少々嫌気《いやけ》がさしてきたのか、先生とご主人の微妙な行き違いが店にも響いて、先生に叱《しか》られて人が辞めたり、先生の不機嫌がお客様に迷惑をかけたりした。美容の技術は、私にはマスターしやすいと思われた。それよりも難しいのは、人間関係であった。私はこれも勉強の一つと思って、心を痛めながら勤めていた。

あるとき、私の友人で、そのころ神戸で一番といわれた助産婦の草地さんのお嬢さんが、結婚するので私にそのお支度《したく》をしてもらいたい、先生では困る、という話を持ち込まれた。私はすぐに、それはできません、結婚式は先生が行かれることに決まっているので、とお断りした。結局、島崎先生が行かれたが、だいぶ時間が経《た》ってから電話がかかり、

「結婚式のお仕度は仕方なく辛抱して先生にしてもらったが、ご披露のお支度はぜひあなたにしていただきたい」

とのことである。私は、

「どう言っていただいても、それはできないことですので、そこに先生がおられるなら、草地さんから先生に言ってください。先生が私に来いと言うのであれば、行かせてもらいます」

と答えた。すると今度は先生から電話で、

「オリエンタル・ホテルのご披露は、草地さんの頼みで、あなたにしてもらうことになったので、もう時間がないから急いで車で来るように」

と言ってこられた。私はオリエンタル・ホテルに駆けつけて、無事にお支度を終え、先生が芦屋のお家《うち》へ帰られるのを途中まで送って家へ帰った。

あくる朝、お店へ出ていたら、家から使いの人が来て、すぐ帰るようにと言う。私は、先生もまだ来ておられないのに、家へ帰ることなんかできないと言うと、今朝、島崎先生が家へ来られて、母と話し合っておられたようで、どうでも母が家へ帰るようにと言っている、とのことである。一体何のことかと不思議に思いながら、使いの人と一緒に家へ帰った。

家に入った途端、

「辞めた店に何をグズグズしているのか」

と、母に強く叱られた。私は何のことか意味がよく分からずに面食らったが、よく聞いてみると、その朝、島崎先生が、

「もう私の教えることは何もないので、店を辞めてほしい」

と言ってこられたとのことであった。思いもかけぬ結果となって、私はただ呆然《ぼうぜん》としてしまった。口惜《くや》しさと、悲しさと、情けなさとで、涙が止まらなかった。

私はそのとき、すでに国家試験もパスして、一人前の美容師であったので、「ビューティ・パーラー」を辞めたことが伝わると、いくつかの美容院から誘いもかかった。しかし、もう勤める気にもなれず、これからどうしようかという決心もつかず、毎日ブラブラと暮らしていた。元気のない私を心配して、両親はしばらく東京へでも遊びに行ってきたらと、相当なお金をくれた。東京には幸い友人もいるので、その気になって上京した。もちろんそのときは、ただ遊びに行くつもりであったが、後で思えばこれが私にとって、一つの運命の転機になったのである。

東京の友人のところへ落ち着いた私は、毎日あちらこちら遊び回っていた

が、ある日、銀座へ出ると、そのころ有名なメイ・牛山先生の「ハリウッド美容室」が目にとまった。そこはアメリカ帰りの牛山先生が腕を揮《ふる》われるモダンな美容室で、夏川静江、栗島すみ子、東山千栄子といった大スターも来ると聞いていた。また、マーセル・ウェーブという特殊技術もあるとのことだった。私も美容師として一度覗《のぞ》いてみたいと、かねがね思っていたので、店の前を通りかかったのを幸いに、一人の客として「ハリウッド美容室」へ入ってしまった。

そこで私は、言葉も出ぬほど驚いた。自分のいままでの美容技術と、全く天と地ほどの違いがあった。これからどうしようかと迷っていた私に、また猛然と美容に対する闘志のようなものが湧《わ》き上がってきた。一度この道を志した者として、何とかこんな技術を身につけてみたい。とてもお弟子にしてもらうことはできないであろうが、何とかしてという気持ちで、私はそれから惹《ひ》かれるように、毎日ハリウッドへ通った。

ある日、例によってハリウッドへ行き、髪をしてもらっていると、メイ・牛山先生が私のそばへ寄ってこられた。胸がドキドキする。何であろうかと思っていると、先生は私に、「邦楽座」の切符を買ってくれませんか、と言われた。もちろん私は二つ返事でその切符を買い受け、あくる日「邦楽座」へ出かけた。

すると、隣の席の奥様風の人が、ハリウッド型の髪をしているので、勇気を出して、その髪はどこでなさったのですか、と聞くと、やはり銀座のハリウッドとのことである。だんだん話をしていると、その人は美容の講習生として毎晩ハリウッドへ通っているという。月謝は五十円で、その当時としてはずいぶん高いものであった。

私は話を聞いて、なるほどこんな道もあったのかと、天にも昇るような気がした。早速神戸の家へ、ハリウッドで美容を習いたいからと言うと、すぐに百円送ってきた。それを持ってハリウッドへ出かけ、五十円を納めて、美容の講習生としてご厄介になりたいと折り入って頼んだ。私の願いはすぐに聞き届けられて、その日からハリウッドで美容技術を習うことになった。新しい道が私の前に開けてきた。

いったんその気になったら、何が何でもトコトンやらねば納まらないのが、私の気性である。必死になって勉強した。有名なメイ・牛山先生のことであるから講習生も多い。そのなかで私は、遠方から来ているし、いつまでも東京にいるわけにもいかないので、ほかの人の二倍も三倍もという気持ちで勉強した。

それとともに雑用も引き受けた。掃除や仕事の準備にも精を出し、毎日花を持っていって飾った。牛山先生に借家探しを頼まれて、知らぬ東京を走り回ったり、ハリウッドのお店の広告チラシを配ったりもした。そのうちに講習生としてただ一人、昼のお店に出ることを許され、長く勤めるようにとも勧められた。しかし、神戸を離れることはできないからとお断りしたところ、それでは将来、神戸で開業するときは、「ハリウッド」の名前を貸してあげようと約束してくださった。その間に、いつしか四カ月の時が流れていた。

私は晴れ晴れとして神戸へ帰ってきた。

「ビューティ・パーラー」を辞めたときは、これからどうしようかと迷った自分であったけれども、東京へ出て、日本一流の「ハリウッド」で短期間でも修業してきたいまとなっては、これを生かして開業のほかはないと思った。

父に相談すると、

「よし、分かった。お前がその決心なら、自分がどこまでも力になってやる。その代わり、誰《だれ》からも尊敬されるような人間になり、誰からも喜ばれる一流の店になるように努力せんといかんぞ」

と言われ、家にはお金を持ってくることは要《い》らんから、とも言って励まされた。ありがたい言葉であった。この父の励ましは、私の一生を貫いて生きている。

——そのとき、私は二十四歳になっていた。

開業を前にして、島崎先生のところへご挨拶《あいさつ》に行った。先生は前のことも忘れたような顔で、ご主人のことをいろいろと話される。このごろは前と違って遊びが激しいとか、前はあてにもされなかった美容院の収入を、このごろはあてにされるとか……美容師の主人としての一面を暗示されるような話であったが、そのときはあまり深入りせず、ただ聞き流していた。

私の開業に対して、父は本当に力を入れてくれた。父の言葉通り、私も神戸で一流の店を目指していたので、場所選びにまず苦労した。神戸の中心であること、もちろん交通の便利のよいこと、美容院へ来るだけでなくてショッピングや食事のできる場所、ハリウッドの名に恥じないモダンな空気の漂う環境、というのが場所選定の条件である。その結果選ばれたのは、ほぼそれらの条件を充《み》たしたといってよいところで、元町に近接した鯉川《こいかわ》筋の鯉川ビル二階、十坪ほどの一室であった。家賃は月三十円、造作は全部父がしてくれた。電話も引いてくれてある。準備が全て成って開店したのは昭和三年七月一日、店の名前は「ハリウッド神戸分室」とした。

この年は一月に東京へ行き、二月にメイ・牛山先生のところに弟子入りし、五月の終わりには神戸へ帰って、六月いっぱいで家を探し、造作をして、開業の準備にかかり、七月一日に開店した。本当に目の回るような忙しさであったが、美容の仕事に生きがいを感じて張りきっていたので、別に忙しいとも思わなかった。

さて開店はしたものの、そんなにお客が殺到して来てくださるものでもない。私は以前のお店のお客には、絶対に呼びかけはしないつもりであったから、来る方は皆新しいお客ばかりである。来てくださる方を一人一人拝むような気持ちであったが、私のそんな気持ちが通じたのか、ハリウッドの看板が利《き》いたのか、次第に客足もふえてきた。七月中の売り上げは七十五円であったが、八月には二倍の百五十円となり、三十円の家賃を払ってトントンというところへ漕《こ》ぎつけた。九月に売り上げが三百円となった。場所がよく、宣伝も利いてきたのであろう、お客も神戸だけでなく、京都や大阪からもよく来てくださるようになった。気にはなりながら教会への参拝ができず、毎月三十円ずつのお供えでお詫《わ》びしていた。

その年も早々に暮れて、翌昭和四年の二月、私は暇を見て東京の牛山先生のもとへ、報告をかねてお礼に行った。牛山先生ご夫妻は大変喜んでくださった。そして、ハリウッド神戸店のことはよく噂《うわさ》に聞いて、とても繁盛しているようで喜んでいるが、一体それは誰のおかげかと言われた。もちろん先生のおかげですと答えると、それでは毎月の売り上げの一割ぐらいは送るようにとのことであった。私は、ハリウッドの名は使わせてもらっているし、それくらいのことは当然と思って、そうさせていただきますと答えて帰った。そのことを父に話すと、それは結構なことやが、お前も大変やなあと言う。

そして、神様や先生は結構なもんやな、と笑っていた。私はその当時、別に深い信仰があるわけでもなかったが、神様や先生にすることは、必ず返ってくるものと思っていた。いくらしても決して惜しいとは思わなかった。させてもらえるのが嬉しい気持ちであった。

仕事に一生懸命の私は、その後も暇を見つけてはたびたび上京した。それは先生に新しい技術を教えてもらいたいためであったが、どうしてか先生は私に技術を教えてくださらず、いつも遊びの相手をさせられていた。私の持っていくお金もそういう方面に使われているらしかった。私にはそういういいんねんがあったのかもしれない。

美容室を始めたころ（24歳）

店のほうは日を追うて忙しく、関西では最高の料金を頂くようになった。弟子入りする者もふえてくる。お客はとても私たちのお相手できるような方でなく、お供《とも》つき、自家用車で来られる方が多い。いまと違って、何といっても自家用車を持つ人は少ない時代であった。そんな方々の美容をしながら、私は、一つの道を行くことの尊さ、ありがたさというものをしみじみと感じた。私がこんな方々のお相手ができるのも、美容という一つの道を、脇目も振らず、一生懸命に進んでいるからではないか。美容という一つのことについては、私は皆様から信頼され、尊敬され、リードさえしていくことができる。どんなことでも、その道ひと筋に進み、究めていったなら、誰に劣るものでもない。誰に負けるものでもない。頂点に立つことができると、私は信じていた。

上海へ――パイオニアとして

ハリウッドを開業してから二年目の年が明けたある日、店へ来られたお客様が、パーマネント・ウェーブをかけておられた。もちろん初期の電気パーマではあったが、私にとっては非常なショックであった。

パーマネントのことは以前から聞いており、牛山先生にその技術を教えていただくことにはなっていたが、機械の入手が困難で、機械もないのに技術を習っても仕方がないと思っていままで過ごしてきた。しかし目の前にパーマネントをかけたお客の現れたことで、私は驚くとともに、もう矢も盾もたまらなくなった。いまにパーマの時代が来る、早くこの仕事にかからねばと思って、そのお客を招待し、パーマネントをかけたところや、先生のことを詳しく尋ねた。ところが、パーマをかけたのは上海《シャンハイ》とのことである。その人は神戸の人であるが、ご主人と一緒に上海へ行き、美容院へ入ったら、上海で流行しているパーマをかけてくれたという。その場所を聞くと、上海の南《ナン》京《キン》路で「ポール美容院」というところだとの話である。

　私は上海でも、どこへでも、パーマネントを習いに行こうと決心した。機械のほうも何とかなるに違いない。しかし、自分一人ではどうも心もとない。誰《だれ》か連れをと思って、幸いに私と特に仲の良いお客にOさんという方があったので、思いきってその人に上海行きの話をしたら、一緒に行ってあげようということになった。本当に話はしてみなければ分からぬものである。そうして、

「寿美子さん、あなた一人で行ってはいけませんよ。平素でも一人で歩いたことはないし、外出するときでも、紙やハンカチやというて、そばの人が気を遣わんならん人ですからね。とにかく私もダンスホールでも見ながら、あなたのお相手をしてあげる。私の費用は私が持ちますからね」

と言ってくださった。

こんな結構な話で上海へ行くことになり、当時のお金で、私もOさんも二千円ずつ用意して出かけた。教会へは毎月のお供えとは別に、旅行の無事を祈ってお供えをした。何しろ生まれて初めての海外旅行である。いや海外よりも何よりも、遠方への旅行らしい旅行はしたこともない自分である。しかも今度の旅行は遊びや観光でなく、技術の習得に行くもので、それも行ってみなければ、果たして叶《かな》えられるかどうかも分からない。意気込んではいるものの、不安な気持ちで船に乗り込んだが、そこには思いもかけぬ幸運が待っていた。

それは、私にもOさんにも共通の知り合いである陳さんという中国の人に、この上海行きの長崎丸の船上でばったり顔を合わせたことである。陳さんは私たちと会うなり、

「神戸で有名なご婦人が、二人お揃《そろ》いでどこへ行くんですか」

と聞いた。私は陳さんに、パーマネントの技術を勉強に行くと正直に話したところ、

「おお、ぼくの友人にパーマの先生がいるが、あなたの探している先生は何

という人か」

と言うので、

「南京路にポールという美容院があるそうで、そこの先生です」

と言うと、

「それですよ。そのポールというのが、ぼくの友人で、毎晩飲んだり踊ったりして、会わない日はないぐらいですよ」

と言う。それを聞くなり、私は心のなかで、ああ、神様はいらっしゃる、ありがたい、もったいないと思った。何という幸運であろうか。船に乗り込むなり、私の探している先生の友人に出会うとは。心で神様にお礼を申し上げつつ、私たちは晴れやかな気持ちで神戸を後にした。

　しかし、船では、ちょっと嫌《いや》なこともあった。私たちは一等船客として乗り込んでいた。一等の船客はダイニング・ルームで食事をとることになっているので、陳さんと一緒に食事の約束をしていたが、私たちの係のボーイが食事を客室へ運ぶと言う。私はパーティに出る約束があると言ったが、どうしても客室で食事をしてくれと言うので、仕方なくその通りにした。船が上

海へ着いて、友人の紹介でガイド役をしてくれる人が出迎えてくれたが、

「あなた方は、なぜ一等で来なかったのか」

と聞かれた。私は、

「いえ、私たちは八十二円払って一等で来ましたよ」

と答えると、その人は、

「私は船客名簿を見たが、あなた方は二等になっている。しかし、客室が空いているので、一等の部屋に入ってもらったことになっているのです」

と言う。それで、ダイニング・ルームへ出られなかった訳も分かった。結局ボーイの仕業であることが知れたけれども、その人は黙っているようにと言う。何も気づかぬボーイは、上海で泊まる宿を世話させてほしいと言ったが、私たちは怖くなってそれは断った。これも世間知らずの私たちが、世間の裏を教えてもらった授業料だと、Oさんと語り合ったが、戦前にはこんなこともあったのである。

　ウーソン路の日本旅館に落ち着いた私は、上海見物もそこそこに、早速陳さんの紹介でポール先生に会い、パーマネント・ウェーブのセット、カット

を教えてもらうこととなった。期間は二十日間で、謝礼は五百円。パーマの機械は七百円で、合計千二百円が要《い》る。幸い二千円用意してきていたので何とかなる。毎日、南京路のポール先生のお店へ通った。この時分の上海は物騒であった。寒い二月なので、ハンドバッグなどは毛皮のコートの下に隠し、上から押さえて歩くというありさまだった。

レッスンは店の営業が終わってからになるので、十時すぎまでかかった。Oさんは私のレッスン中にダンスホールへ行って、新しいテクニックを習っているので、私もレッスンが終わるとホールへ行く。そのうちに陳さんも来る。上海でダンスホールへ客の集まってくるのは、夜の十二時ごろからで、それから朝の四時ごろまで踊っている。日本のそのころのダンスホールは踊るだけで、酒食は禁止されていたが、上海では全く自由。酒を酌《く》み交わし、踊ってはまた飲むという、華やかな「上海の夜」であった。

パーマネントの勉強は着々と進んだ。神戸へ帰ったら早速営業の準備をと、パーマの機械や材料、目についた珍しいものや服などを買っているうちに、所持金もなくなりかけてきた。これは大変と神戸の家へ送金を頼むと、折り返し電報が来て、父がお金を持って上海へ来るという。父は一人でどうやって来るのかと心配していたが、元気でやって来た。異国で父娘の対面というドラマがかかった港の風景も、一つの思い出である。

父は同じ宿に滞在して、帰りは私たちと一緒にしようと言う。あちらこちらと見物して歩いたが、ある日、一生の思い出に、一度ダンスホールへ行ってみたいと言いだした。上海のホールは日本と違って服装が厳しく、正装でないと行けない。ようやく借り着をして、和服に袴《はかま》という、場所柄には珍妙な恰好《かっこう》でダンスホールへ行った。父はどんな気持ちだったか知らないが、後で、

「あんなに楽隊を入れて、おもしろく踊れるのなら、誰《だれ》でも行きたいやろうなあ」

と言っていた。いろんな珍談奇談を残して、私たちは二月二十八日に神戸へ帰ってきた。

上海からたくさんのお土産と、パーマネント機械、付属品、材料などを持ち帰り、技術も十分に覚えてきた。いよいよ、日本では当時先端的なパーマ

ネントの営業をすることとなった。私の美容師としての生命をかけているような気持ちであった。

そのとき、ハタと困ったのはパーマネントの料金である。どこでもまだパーマネントの営業はしていないので、料金の決めようがない。いろんな方に相談したところ、当時のフランス船が神戸に入港すると、外国人やおしゃれな人は船へパーマをかけに行く。その料金が日本のお金で五十円ぐらいだから、日本の営業としてはそれより下げて、三十円ではどうかと言う。日本髪の料金は丸まげで三十銭、洋髪は高いところで一円という時代である。三十円といえば中等教育を受けたぐらいの男の人の給料であった。昭和五年のそのころ、ずいぶん高い料金であるが、パーマがほかにないので、かけに来てくださる方は少なくなかった。従ってお客様は、社会的にも、経済的にも高い地位の方ばかりと言ってよかった。

神戸の同業者たちは、いつしか私に「大統領」というニックネームをつけていたらしかった。道を歩いていても、女の人が「ハリウッドの先生」と囁《ささや》いているのが耳に入る。私もただの女で、年も若かった。そう言われても嬉《うれ》しくないと言えば嘘《うそ》になるが、そんなことで得意になってはいけないと自分を戒めていた。パーマネントのお客様は人に任せず、自分の持っているだけの技術を尽くし、お客様に満足していただくために、わが思いというものを捨てきってつとめた。おかげで業績はどんどん伸びていった。

お店の営業は完全にパーマネントに切り換わり、京阪神の美容院で「パーマネント」といえば「ハリウッド」と、すぐに言われるまでになった。自分でも驚くような収入があり、まさに順風に帆を揚げたような日々であった。

しかし、ときに暗い影のさすようなこともある。そのころ、東京の牛山先生から一人の美容師を預かっていた。その娘さんの母親が某伯爵《はくしゃく》のお嬢さんで、恋愛をして生まれた子らしく、父に当たる人が神戸の近くに住んでいるという。東京の文化学院を出た美しく明るい娘さんで、パーマネントの仕事を覚えて、どうやらできるようになっていたが、ある日、遺書も残さず突然、自殺してしまった。父や母と暮らせない孤独の不幸を嘆いたのか、戸籍上預けられている家でうまくいかなかったのか、それともほかに何かあったのか、原因は私たちには分からないが、私にとっては非常なショックであった。仕事のうえのことではないと信じているが、預かっている人を自殺させてしまったことが、私の心に大きな傷となって残った。

人を育てることの難しさ。自分にはまだそんな徳はないと思いながらも、商売商売、技術技術と夢中になっている自分に、ガツンと鉄槌《てっつい》が打ちおろされた気がした。そんな私に、ある一つの転機が迫っていた。

お化けの花嫁

私の店に開店以来、来きてくださる妹尾《せお》さんという方があった。この人にはいろんなことでとてもご厄介になり、そのつながりは現在に及んでいる。この人が私のことを心配して持ってきてくださったのは、結婚の話であった。

このことは私も予期していた。自殺事件もあり、そのころお弟子の出入りは激しく、長続きしなかった。ハリウッドにいたというだけで、ほかへ移っても高給がもらえるらしいし、また引き抜きもあった。私が丹精して育てても、落ち着いて居てくれないことに、私は自分に何か欠陥でもあるのではないかと不安であった。問題は自分自身の人間性にあるのではないかとさえ思われた。結婚適齢期を過ぎた女の持つ、潤《うるお》いのない、干からびたような姿になっていくのではないかと、自分を激しく嫌った。私ももう二十六歳、結婚が自分を救う道になるのではないかと思いはじめていたときであった。

しかし一面では、私は結婚すれば不幸になるのではないかという惧《おそ》れも持っていた。私には女性的なところが少なかった。母は私に家事や裁縫などを強くしつけたが、それは母に強制されたような形であったので、私は商売のほうがはるかにおもしろかった。殊にこうして商売のうえにある程度の成功を収めてからは、これを捨てて家庭に入り込んでしまうことはできない相談である。私は一体どうすればよいのか。

妹尾さんは結婚を熱心に勧めてくださるが、私は迷った。考えに考えぬいたあげく、やはり商売よりも人間の道のほうが大事と考えて、結婚することに踏みきった。ところが今度は、妹尾さんのほうが困った。私は、(そのころとしては)年をとりすぎているし、神戸ではとにかく有名人の一人になっている。そんな私に適当な相手がない。誰《だれ》でもよいというわけにもいかない。結婚する気にはなったものの、肝心の相手がいないという羽目になったが、ふとある考えが浮かんだので、妹尾さんに相談した。

「実は、私が幼いときからよく知っている人があって、その人だったら大体心配ないと思うんです。ただ、その人のお母さんと私が性格的に合わないような気がします。それでいままで、その人との結婚は考えなかったのですが、いま急に相手を、ということになれば、その人しか私には考えられません。けれど、お母さんのことを考えると、不安でなりませんが……」

と言って、暗に私の両親の意見を聞いてもらうような話をした。妹尾さんは私の気持ちをすぐに分かってくれて、両親にその話を持っていってくれた。

両親は妹尾さんの話を聞いて、

「分かりました。寿美子の言う相手の人は、私たちにはよく分かっております。われわれも同じ意見で、本人は良いが、寿美子にお母さんの辛抱ができるかどうか、それが心配です。一度よく寿美子と相談してみましょう」

という話であった。店のほうへ引き返してきた妹尾さんからそれを聞いて、その晩家へ帰ると、

「今日、妹尾さんからお前の結婚の話があったが、どうするのか」

と聞かれた。私は、

「お父さんお母さんが賛成してくださるなら、私は嫁《い》かしてもらいたいと思います。お姑《しゅうとめ》さんの辛抱はします。迷っていても仕方ありませんから」

と答えた。両親も喜んでくれ、妹尾さんが仲に入って話を進めてくれた。相手というのは、隣家の木下一夫さんである。

一夫さんは、私の北長狭通三丁目の家の隣で電気器具や建築金物商を営む木下家の長男である。県立商業へ通学するために名田支教会で下宿していたことは前に記したが、木下家は主人の長之助さん、りょうさんという奥様、一夫と栄太郎兄弟の四人暮らしで、私の家も両親、兄、私の四人家族である。女の子は私一人なので、りょうさんには小さいときからよく可愛《かわい》がってもらった。りょうさんという、私が一夫さんと結婚すれば母になる人と、性格的に合わないと妹尾さんに言ったが、りょうさんは私の母とは違った気性であった。世慣れして明るく、私によく物を買ってくれ、落語を聞きに連れていってくれたりした。そんなに可愛がってもらいながら、実は私は気詰まりで、あまり嬉《うれ》しいとは思わなかった。りょうさんは一夫さんよりも、次男の栄太郎さんのほうを可愛く思っていたらしい。一夫さんが名田へ下宿したのも、りょうさんから離れるためでもあったのではないかと思う。

そのころ、木下家にはいろんな人がよく出入りしていたが、ある日、りょうさんが突然、家出をしてしまった。大騒ぎになり、一夫さんも名田から帰ってきて、皆で八方捜し回った。その当時としては大金の、万というお金を銀行からおろして、遊びごとに使っていたという。長之助さんは何とも言えぬ悲しい顔をしていた。りょうさんの居所は間もなく分かって引き戻されたが、今度は髪の毛を全部切って海へ飛び込んだ。幸い漁師にたすけられて一命はとりとめたものの、家へ帰ることもできず、結局、津田の伯母の世話で、一夫さんの下宿している名田支教会へ預けられることになったのも、不思議な縁と言うべきであった。

りょうさんは天理教校別科（修養科の前身）に入る心定めをし、長之助さんも許すこととなって、しばらくして木下家へ帰ってきたが、なかなか別科へ行こうとはしなかった。長之助さんも以前と違って、りょうさんに対して厳しくなり、しきりに別科入学のことを言う。りょうさんにしてみれば、長之助さんに許してもらいたさに別科入学の心定めをしたのであって、本当は行く気もなく、天理教は大嫌いだと言って、よく私の家へ来て泣いていた。私はそんなりょうさんを、だんだんうとましく思うようになっていた。

私が東京の牛山先生のもとにいた時分、一度一夫さんから手紙をもらったことがある。それには、

「母が寿美子さんのことを、誰かに世話しようとしているようだが、あなたにはそんなことは考えられないでしょう」

という意味のことが記されていた。それはどういうことか――お母さんは信用できないというのか、あるいは自分にそれを願わない心があるのか、私にはどうもよく分からなかったのであるが、とにかく母に、

「もし木下のおばさんから、結婚の世話をするような話があっても、私はいま美容の勉強中なので、その意思がないと言って断ってください」

と手紙を出したことを覚えている。もうそれは三年前である。

私とりょうさんとが性格的に合わないと言ったが、私と一夫さんとの境遇も大変違っていた。りょうさんは一夫さんと気が合わないのに、とても一夫さんを大切にし、気を遣っていた。（一つには、いろんな事件を引き起こした

ためでもあったのか）小遣いも十分与えて、映画や登山に行かせたり、謡曲やバイオリンを習わせたり、服装も贅沢《ぜいたく》をさせて良家の坊ちゃんのようであった。これは後年の一夫さんの性格を形作って、決して良い結果とはならなかったのであるが、そのときは私には羨《うらや》ましく映っていた。

一方、私は母が厳しく、召し使いのように仕え、遊ぶ暇など全くなかった。小遣いなんかも娘時代にほとんどもらったこともない。こんな違いも結婚後になって現れてくることに、当然ながら、その時分は全く気づかなかった。

一夫さんとの結婚は、むしろ私のほうから望んだことなのに、その話が進んでいるときにも、どうしてか私は気乗りがしなかった。といって、いまさらやめることともならず、延ばし延ばしして翌年まで持ち越したが、とうとう昭和七年二月四日、節分の日に結婚式を挙げた。一夫さんは二十五歳、私は二つ年上の二十七歳であった。

式は「楠公《なんこう》さん」という湊川《みなとがわ》神社で挙げたが、私が花嫁姿で車を降りて神前へ進んでいくと、五、六人の子供がワアワアと騒ぎ立てながら、

「あれはほんまのお嫁さんやろか、お化けのお嫁さんやろか」

と言うのが、なぜか私の耳に強く響いた。関西では節分の日に「お化け」といって、年寄りが娘さんの結う島田や桃割れといった髪を結ったり、派手な服装をする風習がある。そのことを言っているのだとは分かっていながらも、年のいった私の花嫁姿は「お化け」に見えるのだろうかと、物悲しかった。あるいは、いま結婚式を挙げようとする私に、湧《わ》き上がってくる喜びが感じられなかったからであろうか。

結婚式は無事終わった。主人となった一夫さんは当然、新婚旅行も考えていたが、私は、そんなことはとんでもない、お店が大切、お客様が大切と、結婚式の翌日から出勤した。こんなことも結婚第一日から食い違っていた。

木下の家では私たちのために家を新築してくれたが、そこは店から遠いので断った。私の家が三宮町二丁目へ引っ越し、そこからは店が近く、家も広いので、主人にその家へ来てもらった。私は木下家へ縁づいており、しかも主人はその家の長男である。嫁の家へ来るということは、何としても不自然であるのに、私は押しきってそうさせてしまった。知らず知らずの間に私が主導権をとっていた。しかし、私の両親は主人を立てて大切にし、主人もこだわりなく暮らしていたので、別に問題も起こらなかった。

店は引き続き順調に伸びている。お金に不自由はない。主人は父の事業の手伝いという、言わばのんきな身分で、毎日気楽に勤めている。主人も私も、結婚して少しも変わったところはない。私は私の思い通りに何事も通していく。そこに男としての不満もあったと思うが、私はそんなことに気づかず、仕事第一と考え、自分の考えも主人の考えも全く同じだと思っていた。たま

結婚の翌年、パーティー後(28歳)

たま夜中に目を覚ますと、主人が布団《ふとん》の上に座って考え込んでいることがある。私はびっくりして、どうしたんですかと聞くと、いや何でもないと言うので、何も気づかずにそのまま寝てしまう。そんなことがよくあった。

私はますます忙しい。朝早

くから店に出て、一日の仕事が終わると、夜はお客様の招待がある。なかには、ご主人に悪いですねと、気を遣ってくださる方もあるが、主人のことは気を遣ってくださらなくてもいいんですよと、つい言ってしまう。主人は自分の思い通りになるという思いを、暗にほのめかす——思えば愚かな私であった。

私の健康状態もよく、元気いっぱいに飛び回っているうちに、妊娠していることが分かった。二十八歳で、初産《ういざん》としては少し遅いほうであったかもしれないが、つわりも軽く、予定日も近づいているのに、元気で毎日毎日お店の仕事に励んでいた。

私の友人、というよりお客様で、山本輝子さんという方があり、その方も妊娠されていた。私より二週間ぐらい早く出産する予定で、坂本病院へかかっておられた。私も坂本病院へかかることにした。当時は自宅でお産をする人が多く、木下の家でもかかりつけの産婆さんがあり、その人を呼んでお産をしたらという話もあったが、私は設備の良い、お産では神戸で一流といわれる坂本病院へ入院することにしたのである。ところが、その病院から電話がかかってきて、早く入院するようにと言う。私にしてみれば、山本さんのほうが早く出産の予定なのに、なぜ私が先に入院するのか、どうも気になって何か落ち着かぬ気持ちであった。それでも入院を迫られるので、とうとう入院することになった。

入院が決まってすぐに、私は教会へ参拝して三百円をお供えした。当時としてはちょっとした金額であったと思う。それから私は、いままでお世話になった産婆さんに付き添いとして一緒に病院へ入ってもらい、無事にお産を済ませるまでいてほしいと頼んだ。産婆さんも了解して一緒に病院へ行ってくれて、産婆と産婦の二人が入院することとなった。

病院のほうから入院を急いだのに、一向に産気づかず、子供の生まれる様子もなく、毎日毎日退屈な日を過ごしていた。医者はいろいろと注射をしたり、陣痛の起こるようにと薬を飲ませたりするが、陣痛も本当のものが起こらなかった。それどころか早期破水し、悪い条件が揃《そろ》ってきた。産婆さんは、あまりにいろんなことをしすぎる、お産は自然のものだから放っておいたほうがいい、ちょっと考えすぎではないのか、などと言っていたが、私は医者の言葉に従って入院した以上、勝手なことも言えない。私は初めてのお産で、「をびや許し」を頂いてはいても、しっかりした信念も持てず困っていた。

それから二、三日経《た》って、産婆さんの姿が見えないことに気づいた。付き添いの人に尋ねると、私はここにいても用事がなくなりましたので、奥様には黙って帰りますがよろしくと言って、帰ってしまったということであった。

私は、明日にもお産をするのに、なぜ産婆さんが帰ってしまったのかと納得がいかず、早速呼びに行ってもらったが、帰ってきた産婆さんは私に、

「奥さん、あなたは子供を産むのに、お腹《なか》を切って出すんですよ。私はここにいても仕方がないので、帰らせてもらったのです」

と言う。私はびっくりして、一体誰がそんなことを決めたのかと聞いたところ、父と主人が医者に呼ばれて相談した結果、帝王切開で出産することに決まったというのである。すぐに父に電話をして来てもらい、その事実を聞くと、主人と二人で判を押して約束したとのことであった。

これを聞いて私は真剣に考えた。いくら考えてみても、お腹を切って子供を出すなんて、もってのほかである。そんなはずはない。初めから医者の誤

診ではないかと、思い当たることもいろいろあるし、この病院にいてはどうしてもお腹を切られると思ったので、父が医者と話をしている間に、私は寝間着の上に羽織を引っかけて外へ飛び出し、通りかかったタクシーを拾ってわが家へ帰った。

母は温かく迎えてくれたが、お腹は出産直前であり、しかも破水してから三日ぐらい経っていた。このままでは大変と、すぐに結婚のときに仲人をしてくれた妹尾さんに電話をかけると、知人の産科の医者を連れていくとのことだった。もうそのときは夜になっていたが、妹尾さんは木下産婦人科の先生と来てくださり、産婆さんも駆けつけてくれた。相談の結果、もう放っておけないので緊急に普通分娩をしようということになった。翌朝六時に注射をしていただき、さらに六時間かかって、正午に無事、男児を出産することができた。昭和八年五月三十日であった。その児《こ》が現在、天浦分教会三代会長としてつとめさせていただいている範三《はんぞう》である。このことも後々、私が道一条にならせていただける原因にもなったと思う。

美容院のほうはますます盛況を重ねていたが、手狭となってどうすることもできず、またビルのなかでは思いきった拡張も難しいので、ここを出ることとした。あちらこちらと探したが、鯉川に近く、神戸の一等地で、外国人もよく集まるトア・ロードに進出すると決めて、その一角、生田区北長狭通三丁目（現在三宮センター街の西端、トア・ロードと交差するところ）に、三階建てのビルを建築し、そこへ移転した。開業以来六年目の昭和八年二月であった。

当時の神戸には外国人が多く、いろんな層の外国人が住んでいたため、その人たちの好みに合った街並みがあちこちに見られたが、そのなかでもトア・ロードは異国的な街であった。そこに建てた私の「ハリウッド美容室」は三階建てのモダンな設計で、店のなかは夢見るような綺麗《きれい》な色彩で飾られ、そこへ来るお客様も当然外国人が多く、華やかで国際的な雰囲気が漲《みなぎ》っていた。ハリウッドの名は神戸のみならず、京阪神から関西一円にわたり、遠く岡山、広島、名古屋方面から来てくださる方もあった。私の記憶に残っている当時のお客様には、阪急の小林（一三《いちぞう》）家の若奥様、文豪谷崎潤一郎先生の奥様、朝日新聞社社長村山様の奥様、安宅《あたか》家（旧安宅産業）の登美子様ら。

特に谷崎潤一郎先生が、名作『細雪《ささめゆき》』のなかで私のことを「井谷女史」という名で登場させてくださっているのは、いつまでも忘れ得ぬところである。

谷崎先生には奥様を通じて、ずいぶんお引き立てを頂いた。『細雪』が出版された後、ハリウッド美容室のお客様が、いろいろと自分の趣味や悩み、家庭内のトラブルなどを私に相談してくることがあった。拙《つたな》い口で私が応じているのを、谷崎先生はとても楽しそうに聞いていてくださった。私が何くれとなく話していても、先生は、そのすぐれた感覚と鮮やかなひらめきで、私の言葉のなかから私の生き方や考え方を感じ取っておられたのだろう。先生は、私に深い人間愛をもって接してくださり、よく家へ招いてくださった。お食事を頂きながら、楽しそうにニコニコ笑われ、実に愉快だとおっしゃって、機嫌よく私の話を聞いてくださった。

そのうち、いよいよハリウッド美容室を舞台として、一つ小説を書こうと言ってくださり、私はそれをとても楽しみにして、先生のところへお伺いするようにしていた。ところが、戦時色が強くなってきたので、どうもいまの時代には発表できないように思うし、憲兵隊に睨《にら》まれそうなので、残念ながらこの仕事は中止しなければならないとおっしゃった。本当に惜しい気持ちだったが、小説を書いていただけなかったことの奥底には、深い神様の思召《おぼしめし》があったのだろう。

谷崎先生は、表面には好き嫌いをハッキリと出しておられたが、とても愛する心の深い方だった。その当時の私には、先生の偉大さが分からなかったが、ときどきびっくりするようなことをされた。

あるとき、私の友人が、谷崎先生から真っ白な長い毛をしたペルシャ猫を頂いて、「姫」と名づけ大切に育てていたところ、病気で死んでしまった。そのとき先生は、紋付き袴《はかま》で、美しい花束を持ってこられ、まるで人間が亡くなったときと変わらぬ態度で「姫」の亡骸《なきがら》に接せられた。私は、何か自分の心がお粗末に思われて、恥ずかしく思ったことがあった。それがいまでも、私にとってよい反省の糧《かて》となっている。人間には、生きるなかに、いろいろと段階があるものだと思う。

東京からも、わざわざ来てくださる方があった。三越社長夫人の朝吹様、いまのホテル・オークラの社長夫人大倉哲子様もお出《い》でになったし、名古屋松坂屋社長の伊藤夫人、京都月桂冠の大倉夫人もよく来てくださった。こうした名流の方々が来られるので、ハリウッドの前には、いつも立派な自家用車がズラリと並んで、道行く人の眼をそばだてさせていた。

そうしたお客様から毎日のように立派な贈り物を頂き、夜はほとんど毎晩パーティーやお食事にお招きを受けた。それがひと晩に二つ三つと重なることがあった。どちらにも失礼のないようにと、一カ所、二カ所はお付き合いさせていただいても、ひと晩に三カ所となると、とても無理であった。それをどう切り抜けるか、これもなかなか容易なことではなかった。

ある日、主人がたまたま店に来ていたときに、お客様からお招きの電話が、一度に三カ所からかかってきた。私はそのすべてをお受けして、ありがとうございますとお返事していたら、それを聞いた主人が、

「一体、お前はそんな無茶なことをして、どうするつもりなのか。一時に三カ所も行けるはずがない。そんなことをしては、お客様を怒らせてしまうではないか」

と言う。私にしてみれば、ありがとうございます、というのは自然に出る言

葉で、お客様のご厚意がもったいなくて、とてもお断りする気にはなれないのである。私みたいな者に、身分の高い方々からのお招きなので、とてもお断りできないと言うと、それでもつとまらないときは、かえって失礼ではないかと言われた。それはもっともなことだと思いながら、何とか無事につとめていくことができた。主人にとっては不思議でならなかったらしいが、私は全く神様のおかげだと思っていた。

どうしても失礼しなければならないときには、翌日、店の人に、珍しいものとか、そのお客様の好みのものなどを持たせて、お詫《わ》びを申し上げることにしていた。いろいろと私は私なりに、真実を尽くさせていただいたつもりであったが、それがまた一層、お客様のお引き立てを頂くことになったのだと思っている。

そうしてだんだんとお客様と親しくさせていただくうちに、いろいろと、ご家庭内のことを聞かせていただくこともあった。また、相談を受けて悩みを打ち明けていただくとき、一見、世の中の幸福を一身に集めておられるように見える方でも、泥沼のような悩みのなかに明け暮れている人のあることに、私は驚かされた。そうしたことも、私が信仰を進め、やがて道一条に出ていく原因の一つになったと、いまになって思うのである。

そのころ、私は妊娠して、今度は女の子が生まれた。甲南病院という、神戸一流の病院でお産をしたとき、主人はどうしてか姿を見せてくれなかった。大勢の方が祝ってくださっても、主人の来てくれないことはやはり淋《さび》しかった。幸福の絶頂にいると思う自分に、突然ポッカリと暗い穴があいたような気がした。

祖母のリウマチ、母のリウマチ、それに続いて兄嫁も、若いのにリウマチになっていた。母が脳卒中のご守護を頂いてから、結構な日が続いて、つい忘れるともなく忘れていた神様への思いを、最近の私たち夫婦の間柄とも思い合わせて、考え直さなければならぬ時期となっていた。

そんな私の心が映ってか、しきりと信仰を勧めてくださる方があった。霊友会もあり、生長の家もあり、モラロジー（道徳科学）はどうかとの話もある。それぞれに結構な話ではあったが、私には何かもう一つ、しっくりと来ないところがあり、やはり母の身上のときに聞かせていただいたお道のお話が心に残っていた。私はその前に別席を運び、二十二歳でおさづけの理を拝《は》戴《たい》している。そのことを思っても、この道を信仰することこそ、自分のとるべきただ一つの道と思っていた。

伯母の津田ツタにはあまり会わないが、会えば母に信仰を勧める。伯母は妹である母のことが、気になって仕方がないのであろう。そのために嫌《いや》な話もする。母の最初の結婚の話、主人を嫌って切って出てきたこと、そんないいんねん話をするので、母は大層嫌う。

「そんな嫌なことばかり言うから、天理教は嫌いや」

と、てんで相手にしない。あれだけの不思議なご守護を頂きながら、信仰しようとしない母であった。母は神様にご守護を頂いたということが、よく分かっていないのであった。

母は伯母に対して、姉妹であるから思いきったことが言えるのかもしれなかったが、そばで聞いている私はつらい。伯母が母のことを心配してくれているのはよく分かる。母は私にとって大切な人である。病気も早く治ってほしいし、長生きもしてもらいたい。そのためには、母が伯母の言うことを聞かなくても、せめて私だけでも信仰させてもらわなければならないという気に、いつしかなっていた。

ここでちょっと、伯母の家のことについて触れておきたいと思う。それは私の十七歳のときであったが、隣の木下りょうさんが、私の家に来ての話で、「昨日、道で若い男の人に、八木さんという家を尋ねられた。その人は船乗りで、上陸して遊び回るうちに時間が経ち、船に乗り遅れてしまってどうにもならんのだと言う。前に八木という家でシャツを買ったことがあるので、その八木さんの家へ行って、安い下宿でも世話してもらおうと思っている、ということであった。その人は福吉国吉という人で、話を聞くと良さそうな人であるし、自分は八木という家は知らんけれども友達で下宿をしている人があるので、そこへ世話させてもらおうと思っている。

道一条に進む少し前(29歳)

しかし、遊んでもおれんと言うので、できたらお宅はいつも忙しいと言うているから、その人を使ってあげてはもらえないだろうか」

ということである。この話は母から父に伝わり、父は、それでは家《うち》へ来てもらおうと言ったので、その福吉さんは私の家で働くことになった。

そのころ、津田の家でたった一人残った綾子さんも年ごろとなり、養子を迎える話が出ていた。綾子さんは美しい人で、気立てもよく、裁縫もよくできる。いまは教会へ住み込みの身であるが、さて養子というと、なかなか来てくれる人がない。そこへ現れたのが福吉さんであった。あの人なら良い人だが、どうかなというので、私の母と木下りょうさんから話をした。本人たちも承知して、私の家で見合いをしたら、一度で縁談がまとまった。福吉さんは、津田家へ養子として入ることとなった。

その後も国吉さんは、やはり私の家へ仕事に来ていた。綾子さんは仕立物をしている。そのうち妊娠し、臨月まで順調であったのに、どうしたことか二階から足を踏み外して下まで落ち、胎児は死んでしまった。ところが、その死産児がなかなか出ない。綾子さんは苦しんで、このままでは母体も危ないという状態になった。

おたすけを願った名田支教会の会長から、

「国吉さんが別科入学の心定めをせよ。そうして、これから夫婦心を合わせて、道ひと筋を通るように。そうしたら、必ずご守護が頂けるから、その心定めをするように」

とのお言葉があった。これを聞いて皆は困った。国吉さんは養子になったといっても、まだお道は分からず、信仰もない。道ひと筋を通れなどと言ったら、逃げて帰ってしまうのではないかという心配であった。しかし、そのうちにも綾子さんは苦しむばかりなので、これではならん、綾子をいま死なせてはならんと、伯父から国吉さんに会長のお話を伝えた。すると国吉さんは、

「別科か何か知らんけれど、私が行って綾子がたすかるというなら、やらせてもらいます」

と即座に心定めをした。それとともにお腹《なか》の児《こ》も出てきた。それを取り上げたのは、私であった。全身むらさき色をした、美しいと言ってよいのか悪いのか、可哀相《かわいそう》なその児を見て驚くとともに、涙が出て止まらなかった。皆嬉《うれ》

し泣きに泣きながら、死産した児は手厚く葬ったのであった。

国吉さんは心定め通り、私の家の仕事を辞めて別科第三十期に入学し、六カ月の修養を終えて帰ってきた。大正十二年の七月で、教祖四十年祭へ向けて教会倍加運動の最中であった。名田も支教会から分教会に昇格し、部属教会が次々に設置されるときで、津田家は国吉さんが所長となって、神戸市葺《ふき》合《あい》区琴ノ緒《ことのお》町に、名田部属の琴緒《ことお》宣教所を開設した。名田分教会からのお言葉で、私たち一家はその琴緒宣教所に所属することとなった。伯父伯母は上級の名田分教会に残り、新設の琴緒は津田国吉、綾子の夫妻が教会に入り込んで道一条に進んでいた――これがそのころの津田家の事情である。

こうして私の周囲は道ひと筋に進んでいく。そのなかで私は、自分の心にいろんな悩みや疑問を持ちながら、さて信仰の道に進んでいくことには迷っていた。美容院の仕事が順調に進んでいることに、かえって妨げがあったかもしれない。しかし、その美容院も、一から十まで万事好調というわけでもなかった。始めたころのような独占的な人気を、そういつまでも持ちつづけられるものではない。少しかげりが出てきたようにも思われた。

妹尾さんに頼まれて、東京へ家の方位のことを調べに行っている不在中に、店のほとんどの人が辞めてしまうという出来事があった。こんなことがあると、心は急にお道のほうへ傾く。頼み難《がた》ない人の心や、物や、金に頼って生きようとしている自分が、うつろのように感じられる。津田の伯母のような道に徹した通り方のなかに、大きな安心があり、限りない喜びがあるのだとは分かっていても、そこに飛び込む勇気がない。木下家、西村家のいんねんを思い、私たち夫婦の仲、子供たちの行く末のことを考えてみても、私が神様の御用をさせていただき、人様に喜んでもらえる道を通ることが、幸福につながるのだとは分かっているが、なかなかその決心がつかないのである。

私はかねがね、自分で思いきりは良いほうと思っていたが、このころは迷いに迷った。いったんこうと定めたら、それはあくまでも貫きたい私の気性であるから、やり直しや引き返しのできない道へ進むとなると、さすがに簡単には定められなかった。

幾日も幾日も考えた。仕事の手につかないときもあった。身上や事情のためにやむを得ず心定めをしなければならぬというのではない。私は身上や事情で、せっぱ詰まって心定めをするということは嫌であった。できれば何もないときに、明るく、勇んで道一条に出させていただきたいと思っていた。だんだんと私の胸に、ある考え方が固まってきた。いままで仮に、私がお道の御用をさせていただき、喜ばれたことがあったとしても、それは私が美容院を経営していて、それがおかげで順調にいっているので、そこから上がってくるものによって、つとめることができているのではないか。言い換えれば、つとめているのは私ではなくて、私に代わってお金や物がつとめているのではないか。ご守護によって得たものでご恩報じするのは当然のことで、それではちっとも、つとめになっていないのではないか。

そうして、お金や物でのつとめは、実に危ないことのように思われる。いつ、どういうことでそれができなくなるかもしれない。やはり、身をもってつとめるのでなければならぬ。小さい時分から津田の伯母によく聞かされた、教祖ひながたの道のご苦労が心に浮かぶ。そんなご苦労にくらべると、私たちの通る道は何と易《やさ》しいものであろうか。しかも、それがいんねんを切り替える道となり、末代の理をつくる道となるのであれば……私の生涯かけて通る道は、この道以外にないのではないか。もともと貧乏暮らしには慣れている。いや、いままでが贅沢《ぜいたく》であったのだ。それでいいんねんをつくるとは恐ろしい。いんねんを切り替えるために通りたい。どんな苦労をして通っても、通って果ててもよい道だと思った。

そう心が決まると、主人にまず話すのが第一と思って、私の決心を伝えた。主人も大体の想像はついていたらしいが、いざ私の口からその話を聞くと、さすがに戸惑っていた。しかし、私の気性はよく知っているので、主人もすぐに心を定めて、

「お前がそこまで決心したのなら、いまさらどうにもならんだろうから、反対はしない。しかし、私は絶対に天理教には入らないから、どんなことがあっても、信仰せよと勧めないでくれ。それさえ承知なら、お前の思うようにしたらよいだろう」

と言ってくれた。私も、

「それはよく承知しました。私の信仰さえ許していただけたら、何も望むことはありません」

と約束して、話は決まった。このとき私は三十一歳、三人目の子を妊娠していた。

早速、津田の伯母を呼びに行き、来てもらうことにした。伯母は何事かと思って飛ぶようにして来てくれた。私が、

「伯母さん、私もいろいろ考えましたけれども、どうしても道一条へ進ませてもらいたいと思います。その心定めを主人も快く承知してくれたので、一番に伯母さんに知らせようと思って……」

と言うと、伯母はあまりに急な話に、しばらく呆然《ぼうぜん》としていたが、目をしばたたきながら、

「寿美さん、何かつらいことがあるのか。それでそんな心定めをしたのか。どんなことがあるのか、どうか伯母さんに言うておくれ」

と言う。私は伯母のその言葉を聞いて、

「伯母さん、何もつらいことや、悲しいことがあるのではありません。私はどう考えてみても、このお道を通らせてもらわねばならんと思います。教祖が私に、この道を通れとおっしゃっているように思えてなりません。道一条

は何か悪いことや、不幸なことがないと通れんのでしょうか」

と言うと、伯母は、

「いやいや、そんなことはない。何ものうて通るほど結構なことはないのや。ただ、あまり突然でびっくりしたので……」

と喜んでくれた。二人はただ手を取り合って、心定めをしたこと、心定めのできたことを、涙を流して喜び合った。

所は神戸の中心で、外には綺羅《きら》を飾った人々が行き交っている。上品な会話が流れ、豪華な部屋で贅沢な食事をしている人もある。高価な商品が山と積まれ、金銭が湯水のように使われている。その壁一重《ひとえ》のここでいま、一人の女が華やかな生活を捨てて、果てしない苦労と艱難《かんなん》の世界へ飛び込もうとしている。それはどうなっていくのやら、誰も知る者はない。自分にも分からない世界であった。

道一条へ

道一条に出る心定めをして、その決心は変わることはないが、さて実行となると、そう簡単にいくものではなかった。私の所属している琴緒《ことお》宣教所は大正十三年四月に設置された。初めは教会と言えるようなものではなく、普通の民家であったが、昭和二年に三宮のだいぶ広いところへ移転した。そこにはどうしてか、とても変わった人が出入りして、入れ墨をした人や、朝から酒の匂《にお》いをプンプンさせる人がうろうろしていた。次には、昭和十一年九月に、造り酒屋の多い灘《なだ》の新在家《しんざいけ》というところへ移った。「澤の鶴」の酒倉の隣であった。

私が道に進む心を決めたのはそのころであったが、会長夫婦とはいとこ同士であるから別として、教会の人々とは馴染《なじ》みが薄かった。私たちは琴緒についていながら、伯父伯母の住み込んでいる名田分教会へ行くこともあり、また名田から御用を言いつけられることもある。こうしたなかで、自分はお道をどう通ればよいのか――私自身の生活について言うなら、そのころ神戸の第一等の場所で、美容院を盛大にやっている。仕事に失敗があったり、経営が成り立たないというのでもない。お客様にも喜んで利用していただいているし、いますぐに店を閉じねばならぬという理由はもちろん何もない。それに、店をやめるとなれば、従業員の身の振り方も考えねばならぬし、お客様に了解を求めなければならない。そして第一に、この仕事をしていることが、教会の一つの力になっているのも事実である。お道へ出るとしても、いろんな障害のあるものだと思った。いろいろ考えて、できることから始めると決めた。

まず第一番に、私は、当時七十円の月給を払って運転手を雇い、クライスラーという高級車に乗っていたが、これをやめることにした。運転手に訳を言って暇をとってもらい、車は兄に頼んで手放した。次に定めたのは、教会への日参である。私は幼いときから朝起きの習慣がついているから、早く起きるのは少しも苦痛ではない。それでも、もし寝過ごしたらと思って、朝三時に目が覚めてもすぐに起きて、歩いて琴緒の教会へ行く。二時間ぐらいかかるけれども、歩いて通った。

当時は既に、パーマネントの料金は一般に五円くらいになっていたが、ハリウッドでは十円くらい頂いていた。昭和四年に私が始めたころは、全国で四、五軒くらいしかなかったが、このころにはたくさんの店ができていた。それでも私の店は、他の店の倍額ほどもらっていたのである。日参を始めることになって、一番初めのお客から頂く料金、いわゆるお初穂は、いくらであっても必ずお供えすることとして、固くそれを守った。

日参を始めて、朝少し遅いときには、一番電車の走りだすことがある。そんなときには電車に乗せてもらった。私にとって久しぶりに乗る電車であった。思い出が蘇《よみがえ》ってくる。幼いころ、父が仕事に通っていた。母が病気がちで、よく私が父のお弁当を作ってあげた。その弁当を持って、父は一番電車で仕事に出かけた。いま教会への日参で、一番電車に乗ると、仕事に行く人の弁当の匂いがする。その匂いを嗅《か》いで、思わず、ああ、私は贅沢《ぜいたく》をしていたなあ、朝早くからああして弁当を持って働きに行く人もあるのに、いんねんの深い私が車を乗り回して、身の程を知らぬ贅沢をしていたのは申し訳なかったなあと、しみじみ思うのであった。

教会へ着くと、まだ門の開いていないときがあった。そんなときでも、私は門を叩《たた》いて開けてもらうことはしなかった。立って待たせてもらっていると、綾子奥様が門を開けに来られる。待っている私を見て、ちょっと声をかけてくだされればよかったのに、と言われるけれども、私は立って待っていることが、少しもつらいとは思わなかった。ただ、もし私が教会を預からせていただくようなことにでもなれば、教会の門は夜の夜中でも開けておこう、閉めないでおこう、戸締まりも要《い》らない、と思った。その後、名称の理を頂いて、いまで四十年になったが、このときに定めた通り、教会は門を閉めたこともなく、鍵《かぎ》をかけたこともない。また、そのために事故が起こったということもなく、ありがたいと思っている。

朝参りに行くと、お掃除、献饌《けんせん》は欠かさなかった。献饌の済む時分に、会長が二階から降りてこられる。朝づとめによく太鼓を打たせていただいたが、立派な太鼓でよく鳴った。あまり大きい音がするので、加減して打つようにと言われたくらいであった。

西村の母は、天理教の信仰はしないと言っていたが、「おつくし」はよくする人で、この太鼓も母のお供えしたものである。私は母のお供えした太鼓と思えば、打つのにも力が入るので、つい大きな音がして注意されたのであろう。

朝づとめが済むと、皆で朝食を頂いた。それから私は、店もまだ開いていないし、時間があるので、にをいがけに回らせていただいた。いろんな事情で、店をいますぐにやめることが難しくなっているので、せめて昼までにをいがけに回ることにした。昼食は抜きにした。

にをいがけに回るといっても、やはりいままで、多少とも知っている先へ行くことが多くなる。そうすると、ハリウッドの先生が来てくれたというので、どこでも大事にしてくださる。まさか天理教のにをいがけに来ているとは知らないから、私が話をきり出すと皆、「ヘエー、先生が天理教」と変なと言うと嫌《いや》な顔をする。先生、先生と言ってくれていたのに、ひと言「天理教」と言うと嫌な顔をする。これをどう切り開いていくか、この障害にどう耐えていくかを、神様が自分に与えてくださった問題として真剣に考えねばと、歩きながら思った。

午後になって店へ出ることがあると、

「先生、いままでいつもお店におられたのに、どうしてこのごろは、よくお休みになるのですか」

と聞かれる。そう言われると、いままで大切にしてきたお客様、自分をここまで育ててくださったお客様に、相すまぬことをしている。そういった思いも起こってくる。そんな迷いもまだ残しながら、道は少しずつ伸びていた。

私は教内の方とのお付き合いもなく、上級から教えていただいたこともあまりないので、道の通り方は全く知らず、言わば我流であった。ただ琴緒の教会へ日参をし、毎日にをいがけに回った。教理も知らず、教祖のご苦労と、かしもの・かりものの話だけであったが、私は、お道を信仰すれば絶対に結構になれる、喜び勇んで通れるという確信を持ち、それを人に伝えたかった。

それだけであった。それがためには、自分自身がまず喜び、まず勇まなければならないが、私は事実、毎日喜び勇んで通っていた。何をしても、何を見ても嬉《うれ》しくて仕方がなかった。その喜びが誰《だれ》の眼にも映り、誰もが感じてくれたのかもしれない。にをいはよくかかった。なかには私の転身ぶりに驚きながら、

「ハリウッドの先生が、あそこまで一生懸命になられる信仰なら、きっとよい教えにちがいない」

と言って信仰してくださる方も少なくなかったが、これは神様が私に下さるお与えと思った。まだささやかな苦労であるが、報われているような気がして嬉しかったし、励みにもなった。

　にをいがかかると、私はその人に、別席か別科を必ず勧めた。勧める私がまだ別科へ入っていないが、まず入ってもらうことにした。毎期毎期、別科へ行く人ができた。その当時の別科の費用約二百円（六カ月分）を、その可否はともかくとして、ほとんど私が負担した。結果はどうであれ、私は一人でも多くの人に別科へ入ってもらいたかったのである。その費用を、後にな

って返しに来た人が、少なからずあったのもまた事実である。

その時分の話の一つ。

——何かの用事で、東京へ行ったときのことである。その帰り、急行車に乗っていると、車掌が検札に来たので、私は切符を見せた。隣に座っている婦人が、急行券を持っていなかったので、車掌は五十銭払ってくれるように言うが、その人は一向に出そうとせず、ただうつむいている。車掌は急いでいるようなので、私は見るに見かねて、失礼ですがと言って五十銭出してあげた。その人はとても喜んで、私に住所と名前を教えてくれと言う。こんなことぐらいでとお断りしたが、あまり強く言われるので、所と名前を教え、やがて汽車を降りて別れた。

しばらくして、ご主人が五十銭持ってお礼に来られた。ところが、さらに二カ月ぐらい経《た》ってから、今度は車中で会った奥様が来られて、

「先生、何とか主人をたすけてください」

と言う。私は何の気もつかず、身上のおたすけと思ってすぐに出かけた。実は奥様が来られたのは、お金を借りるためであったが、私が早合点して身上

上であった。

おたすけと思い込んだのである。しかし、先方へ着くと、ご主人はやはり身

先日、五十銭を返しに来られたときは元気であったのに、それからあまり日も経っていないいま、全身は痩《や》せ衰えて、お腹《なか》ばかり膨《ふく》れあがり、眼がギョロギョロしている。私は直感的に、これは腹膜だなと思ったが、果たしてお腹に水がたまっており、いくら取ってもすぐにたまるのだという。病人が両手を合わせて、どうかたすけてくださいと言われるのが、哀れであった。治療費にも事欠くので、それを借りに奥様は来られたのである。

私はとにかくおさづけを取り次いで、

「おぢばというありがたいところがあります。そこへ行けば必ずたすけてくださいます」

と言うと、

「それではぜひ、そのおぢばというところへ連れていってください。もし途中で死んでもかまいませんから、連れていってください」

と言われる。私はそのとき、何としてでもこの人をおぢばへ連れていき、そ

こで必ずご守護を頂いてもらおうと決心した。

そのころ、私は車を手放していたので、車で運ぶことはできない。この身上者を、どうやっておぢばへ運ぶか。とても難しいことであったが、私は何の案ずることもなく、私と奥様と、ほかに男の人二人を頼んで、四人で病人を背負って電車に乗せた。座席に寝かせて、四人はその前で衝立《ついたて》のように立って守り、電車の乗り換えごとに、それを繰り返した。病人は苦しそうで、呼吸も乱れてうめき声を洩《も》らす。私は必死の思いで、車中の始めから終わりまで、ただ「なむ天理王命、なむ天理王命」と唱え通した。知らぬ間にその声が高くなったのか、人々の視線が私たちに集まることがある。そんなことにかまわず、無我夢中で、ただおぢばへ急いだ。

やっとの思いでご本部の南礼拝場（出来上がったばかりであった）へたどり着き、お礼を申し上げて教祖殿へ回ったとき、病人は力尽きたのか、そこへばったり倒れてしまった。私はお守所《もりしょ》へ飛んでいき、

「いま病人が倒れましたので、おさづけをお願いいたします」

と申し上げた。そのとき、ちょうど春野貞造先生がお当番でそこにおられ、

すぐおさづけにかかってくださった。間もなく病人は意識を取り戻し、お手洗いに行きたいと言うので男の人二人で連れていったところ、いままで自分の力では出なかった便も小水も、それはそれはたくさん出て、たちまちお腹の腫《は》れは引き、晴れ晴れした顔で帰ってきた。その晩は詰所へ泊めていただき、病人は久しぶりに一人で歩いた。赤ん坊が初めて歩くときのような恰好《かっこう》で歩きながら、

「歩けた、歩けた」

と喜ぶさまを見ながら、皆もあまりの不思議さ、ありがたさに、一緒に涙を流して喜んだのであった。

私は我流の道を通り、常岡一郎先生や柏木庫治先生の本を読ませてもらって心の糧《かて》としていたが、こうした不思議なご守護の姿を見せていただくにつれ、より深い教理を求めていた。そのころ、名田分教会で支部の会合があり、何の気もなく行ってお話を聞かせていただいた。そのお話は「かしもの・かりもの」であった。私にはそのお話が胸に思い当たることばかりで、まるで先生が私のことを知って話されているのかと思うほどであった。もっともっ

とお話を聞かせていただきたいと思って、すぐに名田の会長からお願いしていただいた。その講師は、関条治《くめじ》先生であった。関先生は、

「自分の教会は本陽《ほんよう》といって、この名田のすぐ近くだから、いつでも来なさい」

と言ってくださった。私は嬉しくてたまらず、名田の会長にお許しを頂いて、初めて関先生に教えを説いていただくことになった。

それから本陽へ伺って、関先生から親しくお話を聞かせていただいた。そのとき、私が関先生に申し上げたのは、

「これからいろいろご指導を頂きたいと思いますが、私は兵神部内の名田分教会の、その部属の琴緒の信者で、先生のお世話になりましても、別席者や別科生は一人も先生のほうへはつけさせていただけません。その代わりと申しては何ですが、一度本陽へ伺ったら、十円のお礼をさせていただきます。一日に二度参りましたら、二十円させていただきます。どうぞ、それでご承知くださいませ」

私はこんなことは、はっきりとさせておきたい性分である。関先生は即座

に、

「そんなことは心配せんでええ。それでよろしいよ」

と承知してくださった。

　こうして私は、それから毎日のように本陽へ通った。お話を聞くなら、とことん聞きたいと思った。関先生もとても親切に仕込んでくださった。お話によく東本大教会の初代、中川よし先生のことが出てくる。中川先生のご苦労にとても及ぶものではないが、そのお話のなかから何かを得たいと思って、関先生のお話を聞くときは、全身がこわばるように思えた。

関粂治先生を囲んで（本陽分教会にて、昭和13年）

　琴緒への日参は休むことなく続けているから、関先生から伺った話を、翌日には琴緒の会長にも伝え、皆で勉強することにした。お話の内容が私なりにだんだんと分かってきた。お話によって、たすかる心、たすかる力が身についてくるような気がして、本当に楽しく、充実した日々であった。

いつしか私は、美容院へ出ても、以前のように気を遣わずに、にをいがけをするようになった。華やかそうに見えても、心に悩みを持っている人、自分に身上がなくても家族に身上者がおられる人には、必ず話をさせてもらった。私が一生懸命なのと、いままで私を信用してくださっているので、理屈っぽい話でもよく聞いてもらえた。お客様は相当な家の方ばかりであるので、そんな方にはにをいはかかりにくいと思う人があるかもしれないが、私の場合はよくかかった。

ただ、少し困ったことがあった。というのは、にをいのかかった人を教会へお連れすると、それらの方と教会との間に思弁《しべん》の開きがあって、私のお話は聞かしてもらうが、教会へ行くのは嫌、という人があった。これには困った。

琴緒は急いでつくられた教会であった。そのころは大石へ移転して立派になっていたが、会長は鹿児島の生まれである。生活の難しかったなかを、だまされて炭坑へ連れていかれ、そこのタコ部屋で散々な目に遭い、とうとう裸で海へ飛び込んだこともある。必死になって泳いで逃げきり、漁師にたすけられて着物など恵まれ、また逃げたという苦労話も聞かされた。その後、船員になって、神戸で帰船し損なったことから津田家の人となったいきさつは、前にも記した通りである。そんな生活をしてきた人であり、薩摩《さつま》なまりでお話もよく聞きとれなかった。会長には悪いが、私のお連れする人とは隔たりがあった。信仰が進めばそんなことは問題にならないが、当初はこれも一つの障害となって苦労した。

なかには本陽の教会へお連れして、私と一緒にお話を聞かせていただく場合もあった。こんな人はもう離れることはない。よく聞いてくれ、心におさめてくれた。本陽には大勢の住み込みの人がおられるが、よく仕込まれて礼儀正しく、何事にも行き届いていた。お話の後、よくおもてなしを受けた。てつ奥様は毎日のように行く私を、灘の駅まで送ってくださり、電車の出ていくのを手を振って見送られる。私は、もし将来教会を預からせてもらえるようになったら、この本陽のあり方を見習わなくてはならないと思った。本陽へ伺ったことは本当によい勉強であった。

よくおつくしが寄ってきた。もったいない話であるが、全くおもしろいほどであった。店のお客様で、大阪南地《なんち》で「喜久乃家」という料亭を経営しておられる方があった。子宮筋腫《きんしゅ》を病まれてにをいがかかったとき、関先生のお話を聞いた。ご主人と気が合わないこと、ご主人に内緒で相当なお金を貯《た》めておられること、それも一つの原因だと諭されて、この際ひとつ納消《なっしょう》してはとの話になった。その方は即座に、

「それではお供えさせていただきます」

と、貯めていた一万円をお供えされ、鮮やかにご守護を頂かれた。当時（昭和十二年）一万円といえば大金である。身上たすかりたいためとはいえ、それをお供えしてくださる思いきりのよさに、私は感心した。またそんな方を、まだ道の浅い私にお与えいただいたことを、どれほどありがたく思ったかしれない。

　名田分教会から私の所属する琴緒宣教所に、支教会昇格を勧められたことがあった。それを琴緒の会長が断られたと聞いた。私は、常に親の言われることは何でも喜んで、そのままお受けするようにと教えられているのに、お

断りするとはどうしてだろうと、早速琴緒へ行って聞いてみた。すると、支教会昇格には千円要《い》るので断ったと言われる。私はすぐに、

「お金のことでしたら、私が何とかしますから、名田の会長様の言われるように、支教会昇格を受けてください」

と言うと、それでは昇格を受けようかと決まった。

私はその話を何の気なしに、私のにをいがけから信仰している人にすると、

「私にもぜひさせてください」

と申し出てくれた。それからは、私も、私もと皆が言ってくれるので、千円は瞬くうちにできてしまった。親の理は尊く、親のために心定めしたら、今度は子がしてくれる。理というものは鮮やかやなあと、しみじみ思った。

そうしたときに、本陽の教会へ、東本大教会長の中川庫吉先生が入り込まれた。そのとき私もご挨拶《あいさつ》に出させていただいたことから、お声がかかって、それ以来、東本の会長様が入り込まれるときには、必ず私がお接待に出ることとなった。私は無上の光栄と思って御用をつとめていたが、中川先生は、そばへ来る人は誰でもしげしげと人相をご覧になって、あんたはいま、こん

なことを考えているな、とか、主人の不足をしているな、などとよく言われる。皆それが怖いので、おそばへ行くのを遠慮したが、私は中川先生を怖いとは思わず、言われるままにおそばへ行った。ずいぶん可愛《かわい》がっていただき、勉強になったと思っている。

中川先生のおそばへお給仕に上がると、よく私にお酒を注《つ》いでくださることがあった。私は祖父が酒好きで、そのために父が苦労したことを知っているので、お酒を飲む人が嫌いだった。まして女の身でもあり、自分も酒を飲むことは絶対にしなかったが、いつだったか本陽の奥様に教えられたことがあった。

「木下さん、人間は嫌いなものを、一生嫌いで通すのは、我《が》が強いということですから、嫌いなものでも親しみを持つようにしましょう。これは、人間でも、物でも同じことですよ」

こう聞いていたので、必要なときにはお酒も頂けるようにしようと思って、努力もしてみたけれども、どうもお酒だけは頂くようにはならなかった。

ところが、東本の会長様にはお酒がついて回っており、私にも必ずお酒を注いでくださる。私は飲まずにそれをお膳《ぜん》の上に置いていると、ほかのお給仕の人に命じて、木下さんのお酒を一度捨てて新しいのを注いであげなさい、と言われる。私は幼いときから厳しくしつけられて、どんな物でも捨てるなどは考えられないので、あわてて、それでは頂きますと言って、思わずお酒を飲むと、思いがけなくすっと入ってしまった。ああ、お酒が飲めた。人はこうして仕込むものだな、と思った。

お伺いすると、いろいろ話がはずみ、また胸にひびくようなお話も聞かせていただけるが、行くときには、今日は帰ってくるつもりで出かけた。そうしてお話を伺って、帰らせていただきますとご挨拶申し上げると、そばの人に、

「木下先生のお床はとってありますか」

とお尋ねになる。先生が何か聞き違えをしておられるのかと思って、再度、帰らせていただきますと申し上げても、決してその言葉を取り上げてはくださらない。自然に中川先生の思いのままになっていく。その大きいお心というか、包容力というかが、私の小さい、堅苦しい心を、広く豊かな心に導い

てくださる思いがして、私のような者を、この偉大な方にお引き寄せいただいた喜びを、ありがたく感じたのである。

こうして、いろんな方に導かれ、教えられつつ、私の布教生活は進んでゆく。私の三宮トア・ロードの店は割合に広いが、まだ美容院をしているし、人の出入りが激しくて、神様をお祀《まつ》りするにも適していなかった。八方探した末、ようやく灘区の高羽《たかは》町に隣り合った家を二軒借り、廊下でつないで、その一軒に神様をお祀りした。所は神戸市灘区高羽寿町十四番地、ここに初めて神実《かんざね》様をお迎えすることとなったのである。昭和十三年二月であった。

その年の七月五日、関西地方を豪雨が襲い、六甲の山が崩れて、山津波が神戸の街に押し寄せた。あっという間の出来事であったが、このときの死者は九三三名、壊れたり流失した家は一万三千戸にも及ぶという大災害であった。

私はその日、いつもの通り朝早く、大石の琴緒支教会へ朝参りに出た。大石川のそばへ来ると、川の中を家の棟木《むなぎ》と思われる木や、山の大木が根っこのついたままで流れてくるのが眼に映った。前々日ごろから恐ろしい勢いで雨が降っていたので、水害が出なければよいがとは思っていたが、まさか山津波が起こるとは予想もつかなかった。川の荒れ方を見て、気にはなったが、そのときは気づかず、教会に参拝しておつとめを済ませた。それから一度トア・ロードの店に寄ってみようと、教会を出て阪神電車の大石駅に向かった。雨はそんなに降っていないが、道路は一面の水で、足首あたりまでくる。大石駅に着くと、電車は大石から地下に入るので不通になりかけていたが、最後の電車に乗ることができた。

その間にも大石川は、上流から流れてくる木や石など、いろんなものが詰まって水が溢《あふ》れはじめた。やっと乗れたと思った電車は、少し動いて地下へ入ったとたんに、止まってしまった。と同時に停電になって、地下のことであるから真っ暗で外の様子は分からないが、トンネルにも水が流れ込んでくる。電車から飛び降りて、線路の上に立ったが、急に不安に襲われて、これは大変なことになったと感じた。どこに用意してあったのか、運転手がろうそくを灯《とも》して、線路のわきに立てていく。その間にも水はどんどん増してきて、乗客たちはろうそくの灯《ひ》を頼りに、闇《やみ》のなかを電車の進行方向、春日野道のほうへ走った。水は大石川のほうから、つまり後方から来るので、引き返すことはできない。闇のなかであるし、線路の上なので歩きにくい。水は足もとへ流れてくるが、その勢いが強くなって、足を取られそうになる。とにかく必死になって、それこそ命がけで走った。走って走って、やっとの思いで春日野道の路面へ出た瞬間、水はそのほうからもトンネルへ流れ込んでおり、目の前でトンネルは泥水のなかに埋まってしまった。

もう五分、いや三分遅れていても、トンネルから脱出はできなかったであろう。ああ、たすかったと思うと、私は水のなかに座り込んで、親神様に手を合わせてお礼申し上げた。トンネルの天井まで詰まった泥水を排出して、電車が開通したのは、それから一カ月あまり後のことであった。

布教所の時代

私の道は自分でも分からない間に、とんでもない方向に伸び進んでいくのが不思議であった。水害の後、私の親友であり、また一緒に信仰してくださるYさんが、芦屋の六麓荘《ろくろくそう》に豪壮なお邸《やしき》を新築された。費用は当時のお金で二十万円ということであったが、いまなら二億、あるいはそれ以上であろうか。とにかくその豪勢な家は、阪神間でも評判になったほどであった。そのとき、名田分教会の滝井会長から、

「私の親しくさせていただいている井筒貞彦先生（芦津大教会長）が、今度兵庫の教務支庁長として来られることになったので、一度ご招待したい。できればそのYさんの新宅へお招きしてくれないか」

とのお話があった。早速Yさんに話すと、ぜひお越し願いたいと承知してくれて、日を定めてご招待することとなった。

当日は井筒先生と奥様、滝井会長や大勢の先生方がお越しになって、盛大な宴《うたげ》が設けられた。井筒先生は大変なご機嫌であったが、教務支庁までお送りして、お暇《いとま》しようとすると、

「実はこの教務支庁にいま、管長様（二代真柱様のこと）の奥様がご養生のためお越しくださっているが、お部屋の調度品などもまだ十分に整っていないありさまである。神戸の様子もよく分からないので、何分よろしく頼みます」

とのお言葉を頂いた。

おそらく、いま見てこられたYさんのお宅の、あまりにも立派な様子に感心されて、何とかせねばとお思いになったのであろう。また、ご新任で勝手もお分かりにならぬからであろうとお察しして、私はとてもありがたいご命を頂いたと思い、早速その御用に取りかかることにした。

私はこんなこととなると、自分の気の済むまでしなければやめられないと

いう癖がある。まして管長様の奥様の御用だと思うので、思いつくままに、次から次へと、いろんなものを持ち込んだ。しまいに井筒先生が心配されて、

「木下さん、こんないろんなことをしてもろうて、ご主人に叱《しか》られるのではないか」

とお尋ねがあったくらいである。私はただ奥様に、井筒先生に、喜んでいただくことだけが頭にあるので、

「いえ、大丈夫です」

とだけお答えして、思う限りのことをさせていただいた。不思議なことに、私の周囲の人たちも私と同じ気持ちで、私に心を寄せてくれたのであった。

　実はこのころ、おつくしについて私に迷いの心があった。琴緒の教会へは全く私の思うままに運ばせてもらい、ほとんど御用を仰せつかることもなければ、催促がましいこともない。名田の会長からは、

「一度にそんなたくさん持ってきてはいかん。お供えは親が声をかけたらいつでも持っていけるように、大切に家に置いておくように」

と言われる。私は運ぶものを家に置いておくのが嫌《いや》な性分で、すぐ運ばせて

もらいたい、喜んでもらいたいのである。上級との話の食い違いに戸惑うとき、私は信者の人々とも相談をして、おぢばのかんろだいにお供えさせていただくことがよくあった。

そんなときでもあったので、教務支庁の御用をさせていただくことに、自分のつとめの場所を得て、とても嬉《うれ》しかった。神戸でたくさんの有名人のお客を持っている私の店の関係で、どんな品物でも、たやすく入手することができた。私は嬉しさいっぱいで、どんどん運ぶが、井筒先生はご心配なさって、私に大丈夫かと再三お尋ねになったのであった。

あるとき、いつも管長様がお入りになるお風呂が、檜《ひのき》でつくられた広くて立派な浴槽ではあるが、見るからに寒そうなので、大きな衝立《ついたて》とストーブをお届けした。お風呂のなかでストーブを焚《た》いてお入りいただいたが、これには管長様も驚かれたようであった。

管長様は、一週間に二度か三度くらいお越しになり、本部員の先生方も絶えずお出《い》でになる。いまの真柱様（中山善衞・三代真柱様）は八歳くらいでいらしたと思う。お嬢様の、もと様、ひな様も、時々お越しになる。せつ奥様はまるで絵に描いた天女のような、お美しく上品なお優しい方で、お髪《ぐし》はいつもきれいに梳《けず》って、一本の乱れもなく、お下げのような形にしておいでになった。私は美容師として、時々奥様のお髪を洗わせていただき、整えさせていただいたが、もったいない思いで手がふるえたことを、いまでも覚えている。お店で、どんな方の美容をしてさしあげても、こんなことはなかった。

奥様はご身上がすぐれられず、ご養生に来ておられる。それなのに奥様のご機嫌の悪いご様子は、ついぞ見たことはなかった。いつも笑顔で人に接せられ、管長様や善衞様のお越しになるときは、本当に嬉しそうなご態度でお迎えになった。それを見る私たちのほうが涙ぐんでしまう。こうしてお仕えさせていただくのは嬉しいけれども、それよりも一日も早くお元気になられて、おぢばへお帰りになる日、私たちの御用のなくなる日の来ることを、祈らずにはおれなかった。

私はよく子供（長男範三、当時七歳）を教務支庁へ連れていった。子供は何も知らずに、広いのと珍しいので飛び回って遊んでいる。三時になると、奥様はお付きの人に命じて、おやつを下さる。子供はそれがとても嬉しいので、教務支庁へ行くと言うと喜んでついてきた。

教務支庁へお伺いしているうち、お声がかかって、管長様の御用をさせていただくことがあった。雲の上の方というように思っていたその時代に、管長様の御用をさせていただくとは、全く夢のような思いであったが、そんなときによく管長様は、

「木下さん、あんたは、本当はおとなしいのか、それともやんちゃなのか」

と仰せになる。私は、どうお答えしてよいのか分からなかった。それに、自分は一体、やんちゃ（おてんばというような意）なのか、おとなしいのか、それも分からないので、お答えに困って、

「あまりおとなしいこともございません」

と申し上げると、

「そうかなあ」

とおっしゃった。この管長様のお言葉をいろいろ考えたが分からない。よほど後になってから、「お前は、お道はやんちゃで通ってよいが、人間として

は低い優しい心で、すべてをおさえていけ」とお教えくださったのではないかと思った。このことは、やがて私たち夫婦の問題や、家庭生活にも現れてくるが、私は管長様のお教えを守り通していこうと思いながら、なかなかその思召《おぼしめし》に沿いきれなかったことを、いまだに申し訳なく、恥ずかしく思っている。

私はこうしてつとめていても、家のほうは親神様をお祀《まつ》りしているだけであった。全く一信者に過ぎなかった。それでは申し訳ないと思っていたところ、上級からのお話もあり、すでに神実様《かんざね》もお迎えしてあるので、昭和十三年三月、神戸市灘区高羽寿町の家で、大和布教所《たいか》を開設させていただいた。いいにをいのかかった大勢の道の子が集まって喜んでくれた。私の道の出発ともいえる、その布教所にかけられた墨の香新しい看板は、いまでも私の瞼《まぶた》の裏に焼きついている。

これで私の行く道もはっきりと決まった。身の引きしまる思いであった。これからどんな道を通れとお示しくださるのか。おとなしい春の海のような道は到底望めない。風吹き荒《すさ》ぶ冬の海こそ、私の通らせていただく道ではないか。その思いは一日一日、私の心に固まってくる。やがて、それは私の決心となった。

そんなある日、本陽の教会へお伺いすると、関先生が、

「木下さん、お宅の旦那《だんな》様はお元気ですか」

とお尋ねになった。そのとき、主人は風邪をひいていたので、

「いまは風邪をひいて、休んでいます」

と申し上げると、

「もう、旦那様も別科に入られたらどうでしょう。お宅も布教所になられたことでもあるし、その時期と思うが……」

と言われた。

私は、それはとてもできない相談ではないかと思った。私が入信するとき、またお道の御用に出るときに、堅い約束をして、絶対に主人には信仰を勧めないことになっている。これまで主人には一度も信仰を勧めたことはない。その代わり、私は主人に何の遠慮気兼ねもなしに、自由にお道の御用をさせてもらっている。いまさら約束を破って、信仰を勧めたり、まして別科に入

る話など、とんでもないことだと思った。

ところがそのとき、ふと思った。いまこうして関先生が言ってくださるのは、神様の思召かもしれない。人間の約束を盾にとって、神様の思召にそむくのは申し訳ないことではないか。とにかく一度、言うだけでも言ってみようという気になって、

「それでは帰りまして、一度主人にそう言ってみます」

とお答えして、その日はどこへも回らず、まっすぐ家に帰った。

主人も関先生というお名前くらいは知っているであろうと思って、心では非常な決心をしていたが、言葉はさりげなく、

「関条治先生が、あなたに別科に入ってはどうかと言っておられましたよ」

と言うと、主人も軽く、

「そうか、それではその別科というところへ行ってみようか」

と言ってくれた。私はその言葉にびっくりした。主人が私をからかっているのかと思って、

「それは、あなたは本気で言っているんですか」

と聞き返すと、

「ああ、むろん本気だよ」

との返事で、主人の別科入学は決まった。

神様は私の知らないうちに、深い思召をもって、何もかも見ぬき見とおしで働いてくだされている。私のつとめてきたことも、決して無駄ではなかった。神様がちゃんと受け取ってくださっている。ありがたいことだと思う。

それにしても、道に反対はせぬまでも、あれだけ無関心であった主人が、いくら関先生のお勧めとはいえ、別科入学を決心してくれるようになったのが、私には不思議でならなかった。なぜそんな気になったのかと思って聞いてみると、

「お前は毎日毎日、神様の御用だと言って出ていくし、自分は毎日遊び回っているが、一向におもしろいこともない。このままでは、自分は毎日何もせずに、ご馳走《ちそう》ばかり食べさせてもろうて、末では屠殺《とさつ》場へ連れていかれる牛のようになるのではないか。そう思うと寒気がしてきて、思わず風邪をひいてしまった。もうこの辺が年貢《ねんぐ》の納めどきと思うから、別科でもどこでも行

かしてもらおうと、心に決めたのだよ」

ということである。ああ、何というタイミングのよさ。しかも主人が聞かせてもらいやすいように、関先生のお口を通して伝わってくる神様の思召。ありがたいことであった。こうして主人・木下一夫は、昭和十四年二月、別科第六十四期に入学した。

そのときまで主人はどうしていたのか。

――以前から私の友人であり、ハリウッドのお客様でもあるYさんが、家庭ではお手伝いさんが四人、庭師が一人いて、ご主人も留守がちなので、遊んでいても仕方がないから何か仕事をしてみたいと言っていた。そのころ、私たちの間では皆、ショートケーキを好んで食べていたが、ケーキ屋の職人が自分で店を持ちたいと言うので、そのYさんに話したところ、それでは自分が資金を出して、その職人を使ってケーキの店を開こうという話になった。私があちらこちら探して、神戸元町の、いまはダイエーというスーパーになっているところを借り受け、開店にまで漕《こ》ぎつけた。ところがその間際になって、Yさんのご主人から、ケーキの店などまかりならんとお叱《しか》りを受けた。

せっかく開店直前にまでなっているので、やめるわけにもいかず、Yさんに代わって、私の主人が経営することになったのである。

　ケーキの店は寿屋という名をつけ、神戸で評判をとったが、店用にニッサンのワゴン車を使い、それも噂《うわさ》にのぼった。経営といっても主人は全く人まかせで、お客が勝手にレジへ代金を入れたり、なかには支払いもせずに行く人もあり、当然赤字続きであった。主人はそれも気にとめず、気の合った大学生たちと遊び回っていた。欲がないというのか、金儲《もう》けは全く下手で、親の代からの電気器具製造もやめてしまい、自分で考えて始めたワイシャツ屋も続かなかった。事業や経営ということに興味も持てず、当然自信もなくしていたので、関先生のお言葉にすぐに応じたのかもしれない。

　いずれにしても、いままで相当多くの人に別科に入ってもらったけれども、私にとって、やはり主人が入ってくれることは、夢のような思いで何にも増して嬉しかった。当時、日本は国際的に孤立して、戦争に近づこうとしていた。天理教では、管長様が諭達第八号を発布せられ、時局に反するという理由で原典の一部は公開されず、各教会に下付されていた原典もご本部へお返しするというときであったが、私には深いことも分からず、ただただ主人の聞き分けてくれたことが嬉しく、一層、お道のつとめに励む心を固めていた。

主人が別科へ行ってくれた後、寿屋のほうはどうしたらよいものかと案じていたが、神様はちゃんと主人に代わる人を用意してくだされていた。

──私はそのころ、勧められて気学というものを勉強していた。その仲間の高砂《たかさご》陽吉さんの従兄《いとこ》で、中市さんという人が職を離れており、寿屋に勤めることが方角上とてもよいというので、来てくれることとなった。中市さんはケーキの店をよくやってくれたが、それからお道につながり、のちには教会名称を頂くまでになった。現在の天浦部属信頼《しんらい》分教会（青森市）の会長、中市正雄がその人である。またYさんもその後、兵神大教会に住み込んでつとめ、その娘さんも孫も道一条で通っている。私の周囲は、こうして道につながり、だんだんと結構になっていく。

しかし、寿屋のほうは日を追うて苦しくなっていった。それは経営の行き詰まりではなく、戦争状態の進むにつれての物資の不足からである。これは致し方がない。皆さんに私たちの作るケーキは喜んでいただけるが、時には国策に反するといって、白い眼で睨《にら》まれることがある。でも、それは建前というもので、本当は皆、喜んでくださったのであった。そんななかで、管長様の御用だけは、どんなときでもつとめさせていただくように心掛けた。夜中に黒い幕を張って、乏しい材料をやりくりしてケーキを作ったことを思い出す。でもそれは、心楽しい仕事でもあった。

主人の別科中のある日、どこからか雀《すずめ》が二羽落ちてきて、その場で一羽は死んでしまったという。おかしいなあ、と思ううち、家からの電話で、三男の孟俊《たけとし》が突然出直したという知らせがあり、飛んで帰ってきた。そのとき長女の彬《ひろ》（五歳）も米俵の下敷きになり、これは何事もなくたすかったという出来事であった。

私はそのとき、実家（西村）の父と伊豆の大島に行っていた。何事も知らずに帰ってきたが、神戸駅であまりに大勢が出迎えに来てくれているので、直感的に、これはおかしいなと思った途端、子供の出直しを知らされた。あまりのことに気が動転して、どうして家へ帰ったやら分からず、気がついたら、生後一年足らずの孟俊の可愛《かわい》い死に顔が私の眼の前にあった。出ていくときには笑みさえ浮かべていたその子が、わずか二、三日のうちに、しかも父も母もいない間に、一人淋《さび》しく出直していったのかと思うと、何とも言えぬ相すまぬ思いであった。考えてみると、やはり私たち夫婦の間の事情から、この子が犠牲になってくれたに違いなく、泣いてお詫《わ》びするよりほかなかった。

この節を通りぬけ、主人は子供の出直し後も別科生活を続けた。卒業後、大教会長のお言葉によって、さらに詰所事務員として六カ月間勤めて帰ってきた。今度こそ、二人で心を合わせてこの道を歩ませていただこうと、固く心に誓った。昭和十六年の春、戦争がもう目の前に迫っていたが、それは誰にも分からぬことであった。

名称を頂く

お道のうえにも戦時色は濃くなっていく。天理教婦人会、青年会、教師会が統合されて、天理教一宇《いちう》会が設立された。布教するにも国民服、モンペ姿である。私は相変わらず毎日走り回っていたが、何か目に見えない力に押し流されていくような、また世の中からとり残されていくような気持ちに襲われていた。それは、美容の仕事をしていたときのように、自分の目の前に成果が現れないためであろうか。布教がだんだん難しくなって、自分の言うことなど誰《だれ》も聞いてくれないのではないかという不安に襲われるためであろうか。しかし、これも自分で選び、自分で定めた道である。

私はよく自分自身に言い聞かせた。これが自分で選び、自分で求め、行きたくて行く自分の道ではないか。苦労はもとより覚悟のうえではないか。しっかりせよ、しっかりせよと、時には声にも出して言った。おつとめでも、よろづよはいかん、三下り目はいかん、五下り目もいかんと、さらには、ぢばはいかん、おやさまはいかんと、厳しく制約を受けている。講社づとめをしていても、大勢集まると、無届け集会ということで解散させられるときもある。そうした弾圧は、かえって教祖ご在世時代に返ったようで、そのなかを耐えていくことに、心の高鳴りを覚えた。

美容院のほうも難しくなっていくが、それでも来てくださる方は多い。もったいないことではあったが、私はもう美容院の経営ということに心が向かず、ただおつくしをさせていただくために営業しているというのが、本当のところであった。

昭和十六年十二月八日、米英仏に対する宣戦布告によって戦争状態に入ると、かえって私は、信仰上の一つの眼が開いた思いで、心に持っていた悩みや迷いが払われたように感じられた。世の中がどう変わろうと、道の御用をしていいて絶対間違いはないという信念が固まった。私の行動は一層活発になった。行動することよりほかに、私は自分の弱いところ、足りないところを補う方法はないと思った。

私はこうして懸命に御用をさせていただくが、まだ別科には行っていなかった。別科にも行かずに、先生と呼ばれているのが、何か恥ずかしかった。まだ本格的に教理も学んでおらず、全く自分の独り合点で人様に話を取り次いでいるのも、心苦しかった。主人が別科へ行く前に、私は別科へ行かせてもらおうと思ったことが幾度もあった。上級の会長にご相談しても、いまあなたが六カ月も留守をしたら、せっかくこうしてついてきた信者はどうなるのかと言われるし、教務支庁長の井筒先生にお話ししても、親の言う通りにしなさいと言われる。そんなことで別科へ行く機会を失ったまま年月が経《た》っていった。

その別科も昭和十六年三月に廃止となり、翌四月からは三カ月の修養科となった。別科へとうとう行けなかったかと思うと残念でならず、修養科になったらどうでも行かせてもらおうと心に決めていた。一つには修養科に入って、何か行き詰まりそうな自分の心を打開したいという思いもあった。それで、修養科へ行けないならもう私はお道をやめると爆弾宣言をして、やっと上級からのお許しも出た。私は多年の念願叶《かな》って修養科第十期に入れていただくこととなった。

井筒先生にそのことを申し上げると、大変喜んでくださって、それではあなた一人で行かずに、一人でも人を連れていくようにと言われる。それもそうだと思って、ちょうどそのときお預かりしていた芦津の部内教会の娘さんで、奥繁子さんという方に、一緒に行ってもらうことにした。お供《とも》つきの修養科行きで、私は喜び勇んでおぢばへ向かった。

そのとき、昭和十七年の一月は、まだ戦争に入ったばかりなのに、物資は欠乏しはじめていた。詰所での食事はどんぶり一杯の盛りきりご飯で、お弁当は、持ち歩いていていざ食べようとすると、弁当箱の半分ぐらいに片寄ってしまっているというようなありさまである。しかし私たちは、それも国民として耐えなければならない非常時であり、また教祖の御ひながたの、たとえわずかでも踏ませていただける好機であるというような気持ちで、不足を言ったり、空腹を訴えたりする者はなかった。

私は毎朝三時半には起きて、ご本部神殿に参拝し、お墓地へ参って詰所へ帰ることにしていた。起床は午前五時なので、それに間に合うように帰った。朝の食事は抜くことにしていたが、さすがに空腹で、身体《からだ》は次第に痩《や》せ細っていった。身体は痩せても、精神の痩せ細ることはないと私は信じた。おぢばのお徳を少しでも頂いて帰りたかった。おぢばに少しでも伏せ込みをしたかった。担任の蘭《あららぎ》いくよ先生が熱心に、心底から私たちのことを思って指導してくださった。兵神からの修養科生は三カ月でわずか七名であったが、みな張りきっていた。充実した修養科三カ月は瞬くうちに過ぎた。

昭和十七年三月、私の修養科修了に先立って、大和布教所は、そのころ行われていた事情教会整理の線に沿って、兵神部内美嚢《みのう》分教会所属の尼ノ浦《あまのうら》分教会の理を継承して、教会となることに決まった。このことを私は、東本大教会の会長様に申し上げると、尼ノ浦の会長には、木下家のいんねんから考えて、どうでも主人になってもらうようにとおっしゃった。私の考えでは、とても主人は会長にはなってくれないだろうと思ったが、別科入学のときも、関先生のお言葉に従ってくれたこともある。東本の会長様の仰せだから、一応話してみようと思って訳を話すと、おれでよかったらなるよと、即座に引き受けてくれた。

主人にはこうした、ものにこだわらない、大らかな面もある。今度も事情教会の後を引き受けた会長という重い役目のことを、知ってか知らずにか、理屈ぬきで、何の条件もつけず、一考もせずに引き受けてくれたのである。

尼ノ浦分教会は事情教会の復興であるので、設立のお許しはなく、移転と任命のお許しを昭和十七年三月三十日に頂いた。会長は木下一夫、教会は神戸市灘区高羽寿町十四番地に置き、信者総代として、織田よね、妹尾健太郎、木下りょうの三名が名を連ねている。私が布教を始めてから六年目であった。

修養科を了《お》えて神戸へ帰るころ、管長様、せつ奥様は再び兵庫教務支庁へお越しくださることとなった。私の修養科中、三カ月はおぢばへお帰りになっていて、お宅へ来るようにとのお言葉も頂いていたが、修養科中でもあるし、ご遠慮申し上げていた。お招きを頂いて、一、二度お伺いしたこともあったが、もったいないと思っていた。

四月末に管長様が満洲へお出《い》でになるので、そのお見送りかたがた、せつ

奥様は再び神戸でご静養のためにお越しになるという。私はいよいよ修養科も修了になるので、そのお礼に上がると、奥様が、

「私、今度神戸へ行ったら、再びおぢばへは帰れないと思うの。これがおぢばでの最後だと思うのよ」

とおっしゃるではないか。私はびっくりして、高鳴る胸をおさえながら、

「奥様、そんなこと決してございません。どうぞそのようなことはおっしゃらずに、十分にご養生してくださいませ。またお元気におぢばへお帰り遊ばされますように、私どもも届きませんが、つとめさせていただきます」

と申し上げたが、それ以上は言葉にならず、奥様のお心のうちを推察しつつ失礼申し上げた。

　私が修養科へ入るために神戸を発《た》ったのは一月二十五日で、そのとき、せつ奥様はおぢばへお帰りになるのでお供をしたが、今度は修了の四月二十七日に、せつ奥様は神戸へお出でになる。行きも帰りも、お供させていただくとはどうしたことであろうと、そのとき思ったが、奥様のお洩《も》らしになったお言葉通り、再びおぢばへお帰りになることはなかった。教務支庁でご養生

を続けておいでになったが、昭和二十一年二月五日、兵庫教務支庁でお出直しとなったのは、何というおいたわしいことであったか。いま思い出しても胸の痛む思いが込み上げてくるのである。

しかし、それはのちのことである。私は神戸へ帰るとともに、ご命を頂いて、兵庫教務支庁へ住み込んで勤めさせていただくこととなった。私の教会の尼ノ浦とは距離も近いので、御用の合間には往復して勤めていた。

毎月二十七日から二十九日まで、東本の会長様が三人ぐらいのお供を連れて尼ノ浦へお出でになる。そうして集まってくる信者たちを仕込んでくだされる。一方、教務支庁へは管長様が週に一度か二度お入り込みになる。戦争の進むにつれて物資の統制は強化され、手に入るものは乏しくなってくる。そんなときに、管長様がお客様をお受け入れになるのは、神戸の教務支庁でなさることが多かった。神戸であればいろんなものが、私のいままでの関係で手に入りやすく、迎賓館のような役目を教区がされるようになって、その品物の入手はほとんど私の仕事になった。にをいがけ・おたすけももちろん大切であるが、これも御用の一つであり、お喜びいただけるならと思って、私は物資の調達に走り回った。いままでのお客様が私の仕事に協力してくださって、おかげで責任を果たすことのできたのはありがたかった。

伯母の津田ツタは、私たち一家を道に導いてくれたにをいがけの親ともいえる人であるが、尼ノ浦の理を頂いた直後の昭和十七年四月十七日、八十二歳で出直した。私が道一条に進み、布教所から教会となったのを見てもらってから出直しとなったのが、せめてもの慰めであった。

この伯母の出直しとともに、母が信仰についてくれたのは、伯母の霊《みたま》の働きであったのか。母はこのとき七十七歳になっていたが、教会に住みたい、住み込んで御用をさせてもらいたいと言うので、私はびっくりしたが嬉しかった。いままで母は、脳出血をたすけていただいたし、リウマチを病んで長年困ってもいるのに、信仰するという気持ちはなかった。一時その気になっても、すぐ元に返ってしまう。そして天理教は嫌いだと言う。そうは言っても、おつくしは嫌ではなく、何かのときには気持ちよくしてくれる。物惜しみする人ではないが、勝ち気なだけに、人に教えられたり、強制されることが嫌いで、そういうところに信仰への抵抗があったのであろう。

母は、伯母のツタが八十二歳まで寿命を頂き、生涯のほとんど半ばを教会につとめきって、安らかに出直したそのさまに、自分も七十七歳という齢《とし》だけに、大きな感動を受けたのであろう。自分も老い先は長くないが、これからたとえ何年でも、教会でつとめさせていただこうという気になったのであろう。私もまた感動をもって母を教会へ迎えた。母が身上を頂いてから三十七年目であった。

果たして後になって母に聞くと、母は姉であるツタが重体と聞いて、せめてひと目でも会っておきたいと思い、私の兄に連れていってもらったという。母は相変わらずリウマチで、手も足も自由に動かず、ずいぶん苦労して行ったようであるが、伯母は母の来るのを待っていたかのように、母に看《み》とられながら、最後のお礼を言って、静かに出直したのであった。母はそのあまりにも立派な伯母の死に方を見て、信仰すればあんなに安らかに死ねるのかと思い、伯母が長年道を通ってきたことの尊さ、ありがたさをしみじみと感じたという。そして、いままでこんなありがたい道と知らずに、自分の我《が》を通してきたことを恥ずかしく、また惜しく思って、いまからでも信仰させてもらおうと決心したと言っていた。

これまで教会とはいっても、実家の母が娘のところへ厄介になるのはどうかと思って遠慮していたが、信仰するからには教会へ置いてもらって、道ひと筋の生活をしたい。自分は手も足も不自由な、ダルマのような身体ではあるけれども、どんなことでもよい、どんな小さいことでも、自分にできることをつとめて、神様に御恩報じをしたいと言う。私は母のその気持ちを喜ぶとともに、長年苦労してつとめてきた伯母は、出直しの最後まで人だすけに徹していたのかと、いまさらながら伯母を尊く思った。

母はリウマチの身体で教会に住み込み、たんのうの心で日々つとめてくれているが、自分はどうであったか。いま自分が最もたんのうしていかねばならぬのは、会長である主人の問題である。果たして自分はたんのうして通っていたか。私は当初から、自分で主人を選んで結婚したのに、不足がちであった。主人がもっと努力して生きてほしいと望んでいた。幼いときから皆に大事にされ、甘やかされて育ってきた主人と、子供の時分から苦労させられた私の生いたちのうえに、大きな開きがあって、生活に対する考え方や態度がなかなか一致しなかった。それでも何とか表面だけでも合わせるようにして通ってきたが、母の入信のころから、会長である主人の生活にどこか狂いのようなものが感じられた。主人の態度に何か腑《ふ》に落ちぬところがあり、その原因を知りたい心と、知れば恐ろしいから知りたくない心とが、からみ合って悩んでいた。

ところが、ふとしたきっかけから、主人の書いたものが見つかった。ふとしたきっかけというのは、こうである。

私の知人でその当時、五十三部隊の部隊長をしておられた宮田大佐夫人の秀子様が来られて、『おみちの日記』と書いた本をご覧になった。その本のページの上段に、お言葉やおさしづの一節が掲げられているのを見られて、その本が欲しいと言われた。私は喜んで差し上げようとしたが、奥様は何の気もなくページを繰っておられて、ふと、

「何か書いてあるから、これは頂くことはできません」

と言って私に返された。私は何が書いてあるのかと思って、読んではっとした。おそらく私の顔色は変わっていたであろう。そこには、私がかすかに予

想していた通り、私の店にいる女の人と主人との深いつながりが、こまごまと記されていた。

やはり来るところへ来たと思った。それは何とも言えぬ情けないことであった。そして絶対に表には出せぬ問題であった。ことに教会に住み込んでいる母に知れてはならなかった。母は教会へ入ってから会長を立て、折り目正しく仕えていた。いったん心を決めると、母はいい加減なことをせぬ人であった。その母に、こうしたことは知らせてはならない。私は二重の苦しみを負うているように思い、これをたんのうしなければ、このいんねんを切っていただかねばと、必死の思いであった。

戦争も終局に近づくに従って、空襲も度重なり、信者の人々もだんだんと田舎《いなか》に疎開して淋《さび》しくなった。会長はたびたび出ていって、一カ月ほども行方の分からぬことがあった。別に捜しもしないし、気が向けば帰ってくるので心配もしなかったが、あるとき、どうしてそんな不安定なことをするのですかと聞いてみた。すると会長は、

「それは、お前がおれに添うてこないからだ。もう少し会長を立てて、おれ

の言う通りについてくるなら直るだろう」

と言うので、

「それでは会長さんの言う通りにします」

と、つい言ってしまった。それでは一緒に遊びに行こうと言う。言われる通りについていくが、一日二日は付き合えても、そのうちに私の心のなかは、上級のこと、教会のこと、母のこと、子供のこと、またおつくしのことなどでいっぱいになる。もう我慢ができず、

「私は教会の御用がたまっていますから、あなた一人で遊んでください」

と言うと、会長は、

「どうせそんなことだろうと思った。お前が最後までおれに付き合えたら大したものだが、とてもお前にはできんだろうから、大きな顔をするな」

と言って、いつ空襲があるか分からないなかを、またどこかへ行ってしまうのであった。

　神戸に大空襲があって、教会のすぐ近くまで焼けてきた。その夜は警戒警報が出てからなかなか空襲がなく、もう来ないのかと思ってほっとしている

と、突然空襲警報があり、とたんに敵機が来た。あっという間であった。私は乳呑《ちの》み児《ご》を背に負い、片手にお目標様《めどう》、片手に母の手を引いて、必死に近くの広場へ避難した。広場へ着くか着かぬ間に町内は火の海となったが、夜が明けて火がおさまってみると、教会の三軒先まで燃えて、火はそこで止まっていた。

ご守護と言っていいのかどうか、とにかく不思議なさまに小躍りして、また母の手を引いて帰り、お目標様をお納めした。ほっとひと息ついたところへ会長が帰ってきた。会長は、ついさっきあった空襲のことなど、ひと言も口にしない。私はたまりかねて、

「あなた、どう思っておられるのですか。さっき空襲があり、三軒先までが燃えました。私たちも避難していて、いまやっと帰ってきたばかりですよ。あなたも見て知っているでしょう」

と、あまりにつらかったのと、一人でとても大変だったところから、つい言葉も強く言ってしまった。それに対して会長は、

「こんなことぐらいで大層に言うな。それぐらいのことができんようでは役

に立たんのだ」

と切り返してくる。私は、

「あなたは見ていないからそんなことを言うが、焼夷弾《しょういだん》は数限りなく落ちてくる。とても消せるものではないし、火はどんどん燃えてくる。身体の不自由な母と乳呑み児を連れて……これが言わずにおられますか」

と言ってしまうと、会長は気を悪くしたのか、また黙って出ていってしまった。私はその後で、「しまった、また言ってしまった」と後悔するが、もう後の祭りである。

昭和十八年一月、春のご大祭に第十一回教義講習会が開かれ、百万人ひのきしんが打ち出された。三月からその運動が実施され、全教あげてそれぞれの地域でひのきしんが行われた。私も一宇会の御用と教区の御用で、教会はほとんど空けきりであった。布教らしい布教もできず、その布教の相手も戦火を避けて田舎へ疎開したり、引き揚げていく人が多いので、街は急に寂れていった。

昭和十九年に入ると「天理教いざひのきしん隊」が結成されて、全教は石炭の増産に協力して炭坑でひのきしんをすることになった。一名称一人は必ず参加するようにとのご命を頂いたが、私はこんな非常時に言われただけのことをしていたのでは申し訳ないと思い、夜の目も寝ずに走り回った。炭坑へのひのきしんを説きつづけ、七名のご守護を頂いた。自分ながら嬉しかったが、そのときも会長は、いらんことに力を入れすぎると叱りつけた。一生懸命にやって叱られることに、やはり反発は感じながらも、やらずにはおれないのが私の性質であり、「神様が見てくださっている」と心のなかで呟《つぶや》きながら、また空襲の街を飛び回っていた。

　そのうちに疎開の話が持ち上がってきた。私はこの教会に踏みとどまって、神様のお供をさせていただく決心であったが、町内会から、お宅は老人もおられるし、子供もあり、家族が多いので、いまのうちに疎開をしてもらえないかと言われた。母は八十一歳であるが、教会へ住み込んでから健康を取り戻し、ほとんどのことは自分でできるようになっていた。しかし、何分老齢であるから、疎開の話の出るのも当然であった。相談の結果、町内会の勧めに従って、私と、両親と、預かっていた若いノイローゼの娘さん、それに子供が三人の計七名で疎開することにした。行く先は上級名田分教会のお計らいで、美嚢《みのう》郡中吉川《なかよかわ》村の中吉川分教会と決まった。昭和二十年の新春、といっても正月気分もないなか、寒い北風の吹き荒《すさ》ぶ朝、中吉川へ出発した。

いよいよ疎開と決まったが、会長は神戸に残ると言う。当時、会長である主人とは心がかけ離れていた。いくら話しても無駄と思って、米の通帳も二つに分けた。一つには、このときに主人との間に結着をつけたい気持ちもあったが、主人には別れるという気は毛頭なく、ただ一人で自由に暮らしたいとの思いがいっぱいのようであった。

出発の前に、私は初めて主人にお金のことを話した。いままでお金の相談などしたこともなく、私一人で取りしきってきたが、このときばかりは私もお金がなく、全然知らぬところへ行くのであるから無一文というわけにもいかず、思いきって主人にお金の相談をした。主人はそのとき、かなりのお金を持っていたはずだったが、出してくれたのは、十七円であった。

その十七円を見て、私はただ呆然《ぼうぜん》としていたが、会長に、

「お前はそんなに熱心に信仰をしておりながら、金を頼りに疎開するとは、

一体何たることだ。金を頼らず、神様を頼ってなぜ行かんのだ」と言われ、頭から冷水をぶっかけられたような気持ちで、ハッと目が覚めた。全く申し訳なかった。皆と同じ疎開と考えていたのが間違いであった。疎開もまた布教なのだと、会長に心からお詫びして、七人がその十七円と、ご飯をお釜《かま》一杯炊いたのを櫃《ひつ》に入れて持ち、教会を後にした。

湊川《みなとがわ》から神有《しんゆう》電車に乗って行くのであるが、三田《さんだ》まで行くのに一人一円の電車賃が要るので、そこで五円を使ってしまった。気も落ち着かず、うろたえているのか、せっかく重い思いをして持ってきたご飯の櫃を、どうしたことか、電車の中に忘れて降りてしまった。だいぶ行ってから気がついたが、もう遅い。引き返すことも、老人、子供連れでできない。皆が不安な気持ちを胸いっぱいに持って、日の暮れかけた田舎道を疎開先へ向かって急いだ。

疎開の日々

兵庫県美囊《みのう》郡中吉川村での疎開生活が始まった。ご厄介になったのは、中吉川分教会部属の美東《みとう》分教会であるが、この教会は会長が別のところにおられるので、神様のお守《も》りをしなければならない。老人二人、子供三人と、ノイローゼの娘さんを連れて、私はここへ来ても物資の調達に走り回らねばならなかった。田舎といっても物資は乏しくなっているし、慣れぬところを人に聞きながら、七人の生命を守るために、誕生日近くの三女みのるを背に歩きつづけた。

会長にもらってきたお金もすぐなくなって、どうしたものかと思っていたところ、美東の会長の知人で脳出血で倒れた人があった。知らせで駆けつけて、おたすけさせていただくと、程なくご守護を頂くことができた。その家ではとても喜んでくださって、農家なので米を下さったり、野菜や芋《いも》など届けていただいたりした。お金はなくとも、神様は「道の路銀」として、結構なおさづけの理をお与えくだされている。会長の言葉と思い合わせて、一つの安心感が湧《わ》いてくるのを覚えた。

一度用事ができて、神戸へ帰ったことがある。前からの知人で、そのころ日本一流と言われた外国人専門の洋服師である、大久保さんという人に偶然出会った。大久保さんは私が疎開している話を聞いて、

「それでは、あなたに洋服の生地《きじ》を持てるだけ差し上げましょう」

と言われた。私はびっくりした。知人といっても、近所に住んでよく顔を知っているだけで、そんなに深いお付き合いもない。それなのに、どうしてそんなことを言われるのか。大久保さんは、

「あなたがハリウッドのお店をしておられたとき、あの忙しいなかからご本部の先生方の洋服をお世話していただいて、そのために、どれくらい時間を使い、気を遣っていただいたか。その真心を、当時は口に出して申しません

でしたが、決して忘れてはいません。いつ空襲があって焼けるかもしれない服地なら、あなたのお役に立てていただければ結構ですから……」

とのことで、私はここでもありがたいご守護を頂いて、大風呂敷いっぱいに背負えるだけ背負って田舎へ持ち帰った。大久保さんの生地だけあって皆、外国製の高級品ばかりで、喜ばれて食糧品と変わった。また、美東の会長や奥様も食糧を運んでくださったりして、一時はどうなるかと思っていた疎開地での日々も、おかげで心配なく明け暮れていった。

　そのうちにも母の身上が、だんだんと目に見えて快《よ》くなってきた。教会へ来たとき、御用させていただくとは言っても、自分一人では這《は》って動くだけで歩けないので、気持ちばかりが焦っているようであったが、一年あまりするとお風呂が焚《た》けるようになり、次にはご飯を炊いてもらえるようになった。身上が少しずつ、一つずつ快くなっていった。まず手が自由に動くようになり、次にはまっすぐに伸びたままであった足が曲がるようになったので、座ることができ、足の指の変形がとれた。最後に残っているのは、手指の変形であった。

七十歳を過ぎて入信した母が、こうしたご守護を頂き、神様の御用をさせていただけるようになったのは、一体どんな心定めをし、どんな実行をしたのかと、私はよく人に聞かれた。そのときに返事をした内容をとりまとめてみると、

一、自分から求めて道に入れていただいたこと。

二、毎月五十円ずつ父から送ってくるお金を、全額お供えしたこと。（私が、少しでも取っておいたらと言うと、その必要はない、入用のときは要《い》るだけ頼むから、全部お供えさせてほしいと言う。その当時の五十円は、普通のサラリーマンの一カ月の給料に相当していた）

三、毎日暇さえあれば、節にならない節で、みかぐらうたを唱えていた。みかぐらうたのご本は離したことがなかった。

四、ありがたい、ありがたいと、お礼の言葉を絶やしたことがなかった。何をしても、何を見ても、聞いても、ありがたいと言うほかはなかった。

五、不自由な身体でありながら、できるだけ自分のことは自分でするようにし、決して人に頼まなかった。自分でできないことは、せずに辛抱し

た。自分のことで教会の人を使ってはならない。自分のことはしてもらわず、できるだけ人のことをさせてもらいたいという気持ちがあったのであろう。それを実行していた。

あるとき、私が教務支庁へ三日ほど行ってから、教会へ帰ると、母は、「寿美さん、こんなありがたいことはない。不思議なご守護を頂いた」と泣くようにして言う。どんなご守護を頂いたのかと思って、

「そうでしたか。それはよかったですね。どんなご守護を頂いたんですか」と聞くと、母は今日で三日間、何も食べていないと言う。それなのにちっともお腹《なか》が空《す》かない。こんな不思議なことはない。そうしていつもと同じように何でもできる。教祖がおまもりくださっていると思えば、ありがたい、嬉《うれ》しいと感謝していた。

私は驚いた。どんなおかげを頂いたのかと思ったら、三日も食べないのに、お腹が空かないとはありがたいと言うのである。戦争もだんだん不利な状態で、物資は底をついているが、それにしても三日も食べなかったとは一体どうしたことであろう。私は、

「お母さん、それはすみませんでした。私が帰ってきたから、もう心配はありません。神様がいろんなものを持ってきてくださいますよ」

と、母を慰めておいてから、住み込みの人に、どうして母にご飯をあげてくれなかったのかと聞いた。すると、

「おばあさまだけでなく、私たちも食べていないのです」

と言う。だんだん訳を聞くと、私の留守中に上級の教会からお米を取りに来られたので、三升ほどあった米を全部持って帰っていただいた、とのこと。ヤミの米は決して買うことならんと固く言ってあるので、母にもあげず、皆も食べずに辛抱していたのだと言う。事情も知らぬまま、どうして母にご飯をあげてくれなかったのかと、腹立たしい気持ちであった自分が恥ずかしく、私のほうが申し訳ないとお詫《わ》びをした。

神殿で親神様にお詫びとお礼を申し上げていると、表のほうで何か物音がする。出てみると、岐阜へ疎開していた近くの信者の方が、久しぶりに帰ってきたからと言って、お米と野菜を届けてくれたのであった。そこへまた、以前にお店にいた人が、主人が釣ってきましたのでと、魚をたくさん持って

きてくれた。涙が出るほど嬉しく、それを並べて母に見せて、

「お母さん、お米も、お魚も、野菜も、こうしてお与えいただいたから、もう心配はありません。大急ぎで支度《したく》して、皆に食事してもらいますよ」

と言うと、母は喜んで涙を流しながら、

「私は年寄りやからええけれど、皆が可哀想《かわいそう》でな……ありがたい、ありがたい。寿美さん、あんたは神様みたいな人やな」

と言って、二人は手を取り合って泣いた。三日間も食べられなかった、そこまでいったからこそのありがたい涙であった。皆で神前に集まってお礼を申し上げ、そこで三日ぶりの食事を頂いた。このときの感激はいまも忘れることはない。


母が教会に住み込んでから、私は会長の行動が一見、いんねんを積むように思えてならなかったが、母は会長に対して、まったく真実の姿で仕えた。母の身上をたすけてくださるための理の働きであったのだろうが、母は苦しい身上にあっても、おつくしにつとめ、みかぐらうたを唱え、ひたすら喜びいっぱいの道を通りきった。

その母にも一つの悩みがあった。それは、西村家へ来る前に別れた主人に対して、申し訳ないことをしたという、そのお詫びができなかったことで、泣きながら部屋の中を歩き回っているときもあった。私に、どうしてお詫びをしたらいいのか教えてほしいと言うが、私にもどうしてよいやら分からなかった。その話はそのままになってしまったが、母はとても気にしているようであった。私は、あの身体で、年をとってからできる限りの御用をつとめたこと、それがお詫びになったと思っている。

昭和二十年八月の初め、いまから思えば終戦の直前であったが、ある夜、母の手の指は突然ポキンポキンと音がしたかと思うと、完全に元の形に返った。何の痛みもなく、自由自在に使えるようになった。あまりの不思議に私たちも言葉もなく、ただ親神様、教祖にお礼申し上げるばかりであった。母の五十年にもなる身上が、四年でご守護いただけたのである。身上に長年耐えて、また教会に住み込んでの御用に、よくも耐えてくれた。身上を生まれた通りにしてお返しするために、母は最後の力を傾けたのであろうか。不思議なご守護を頂いて、何不自由ない元の身体にしていただいてから半年後、翌二十一年二月二十八日に、母は静かに出直した。八十二歳であった。私はこの母にも深く教えられるものがあった。

　また、これは偶然なのだろうか、症状は軽かったものの母と同じようにリウマチを患っていた兄嫁が、母が身上のご守護を頂いたのと同時に、身上のご守護を頂いた。兄嫁は、母とは離れた大阪にいたが、この不思議な出来事に感動し、一生を通して天浦分教会につくし運び、にをいがけにつとめてくれた。

　話は元へ戻るが、手指が突然鮮やかなご守護を頂いたときの母の喜びようは、とても言葉に言い表すことができない。手が伸びた、手が伸びたと泣きながら、部屋のなかを躍り回り、歩き回って、やめようとしなかった。一瞬、神様へのお礼も忘れたほどであった。

　こうしたご守護の一面、神様は心通り、いんねん通りの理を見せてくだされる。それは少しの狂いもない。母がご守護を頂く少し前の七月中ごろに、会長が珍しく疎開先の美東分教会へ来て、一泊して帰った。そのとき、腸をこわして休んでいる末の子のみのるを見て、

「この子は間もなく出直すかもしれんな」と、独り言のように言った。母と子が必死に生きているのに、よくもそんなことが言えるなと、私は内心で思ったが、何も言わず、一生懸命に介抱した。そうしてみのるは次第に元気を取り戻していった。

ところが、八月に入って再び腸を悪くし、急に元気がなくなった。熱が引かず、衰弱が加わった。みのる、みのると名を呼んでも、うつろな眼をして反応がなかった。何も食べず、ただお水でしめりを頂く日が続いた。一カ月ぶりに再び会長の来た八月五日、父の来るのを待っていたように、小さなみのるは出直した。

疎開先でもあり、終戦直前の混乱のなかで、十分な手当てもしてやれなかったことが悔やまれたが、これも私たちに見せていただいたいんねんの姿であったのか。生後わずか一年六カ月の女の児《こ》が、一人淋《さび》しく出直していくのを見て、私は母として、声をあげて泣いた。泣かずにはおれなかった。私たち夫婦の心が合わないばかりに、この子に理を見せて、この子を引きとって私たちの心をつくってくだされる。それにしても、みのるは親のために犠牲になりに来たようなものであった。可哀想なみのるに、何とお詫びをしてよいのか。私から何もかも抜けてしまったようで、しばらくはぼんやりして何も手につかなかった。

母はご守護を頂き、みのるはささやかなお葬式をした。そうしてすぐに八月十五日、戦争は終わった。長い、苦しい月日であった。聞こえにくいラジオから、きれぎれに聞こえる天皇陛下の終戦のお言葉を涙ながらに聞いて、私は正直言って、ああ、よかったと思った。これでまたおぢばへ帰らせていただける。教友の方々ともお会いできる。人と人とが殺し合う戦争はもうたくさん。天から火の降ってくる戦争はもうたくさん。平和になって皆が手を取り合える日が一日も早く来るようにと、心から祈った。

美東分教会では、戦争が終わっても、いつまでもいるようにと言ってくださった。大変ありがたいことであり、世の中の状態もまだ治まってはいないので、しばらく様子を見ることにして、おいてもらうと決めた。そして、すっかり身上の快くなった母を、先に兄のもとへ帰すことにした。母は元気に兄のところへ帰っていった。

そのしばらく後、十月の初めであった。近畿地方は豪雨に襲われて、いたるところで洪水があり、交通は途絶して電車も動かず、橋さえ落ちて、神戸へ行くことは全くできなくなっていた。十月十二日は名田分教会の秋のご大祭で、それにはどうしても参拝したかった。交通マヒのために中吉川の名産の松茸が、各地へ送り出せずに町にたまり、値も下がりはじめていた。そのころ、そろそろと松茸も珍しくなりかけていた。私は何とかしてこの松茸を、教区でご静養くだされている、せつ奥様に差し上げたいと思った。名田のご大祭にもお供えをしたい。そう思いつくと矢も盾もたまらず、何としてでもやらせてもらおうという気になって、松茸を買い集めた。そして、雨も幸いにやんだ夜中の三時ごろ、リュックいっぱいの松茸を背負い、提灯《ちょうちん》を持って、何とか宝塚までででも行けたら電車も動いていようと、思いきって中吉川を出た。

中吉川から宝塚までは約八里（三二キロぐらい）。道は県道を鍛冶屋《かじや》、大沢から赤松峠を通り、簾《すだれ》、市原から三田へ出て、そこから南へ折れて国道一七六号線を道場《どうじょう》、生瀬《なまぜ》、名塩《なじお》から宝塚へ出る。道路の舗装がめくれあがって足をとられたり、橋の落ちているところは川へ降りて浅いところを渡ったり、土砂崩れを登ったり降りたりしながら、ただ一心に歩きつづけて十時間、正午すぎにようやく宝塚までたどり着いた。思いのほかに早く、足はおかげで少しも疲れていなかった。ここまで来れば阪急電車が動いているので、すぐに電車で神戸へ向かい、教区へあがった。せつ奥様にお目通りを願って、久しぶりでお目にかかったときは、本当に嬉しかった。奥様も大層お喜びくださって、この難儀ななかを、よくも珍しいものを持ってきてくれたとおっしゃった。そのお言葉を聞いて、いままでの張りつめていた心がゆるんだのか、どっと一時に疲れが出て、しばらくは立つこともできなかった。

交通がこんな状態で、物資の愉送が途絶えているので、持参した松茸は大変喜ばれた。上級の名田のご大祭にも間に合って、お供えさせていただくことができた。上級へ来た尼ノ浦の会長とも久しぶりに会ったが、私が夜どおしかかって中吉川から宝塚まで、歩きづめに歩いて出てきたと聞いて、「無茶なことをする」とあきれた顔であった。そう言われてみると、私もあのなかにあの道を、女一人でよくも来られたものと、つらさ、怖さを思い出して、われながらぞっとした。それにしても、何としてでもと思う心に神様がお連れ通りくだされたのだと、しみじみ思った。

私と別居状態にある間、会長である主人の所業はまだ直っていないようであった。上級の名田でしばらくぶりに会ったとき、私はそのことについて話をしたが、話し合いの決着は、すぐにはつかなかった。

名田の会長も主人の所業には困ったものと思っておられたが、私が何も言わぬため、黙認というような形であった。しかし、今度は私が話を切り出したため、主人に対して、もういい加減に清算をして、夫婦の仲の治まるようにしたらと、珍しく意見をされた。主人もその気になって、私に、彼女のところへ別れ話をしに行ってほしいと言う。もともとその人は私の美容の弟子であるから、一半の責めは私にもある。私さえたんのうすればと思って黙っていたが、よく考えると、それでは主人の会長としての理が立たず、いんねんを重ねるように思われるので、今度神戸へ出てきた機会にと思って、その話を切り出したのであった。だから、ある程度の覚悟はしていたけれども、さて当人と会って話をするとなると、私にとってなかなか難しいことであり、しばらくは戸惑っていた。

しかし、いまは戸惑っている場合ではない。いずれ決着をつけねばならぬ話である。私は神様にお願いし、勇気をふるって出かけた。妻としての立場を離れ、またかつての師であるという立場も離れ、道のうえの理から話を切り出して、分かるように諄々《じゅんじゅん》と説かせていただいた。いんねんということも話をした。その結果、彼女もよく分かってくれた。私は、これからの彼女の生活も気になったが、そのときは私自身も困っていたので、そこまで面倒を見ることはできなかった。そのことも率直に話をした。こんなことは思惑や体裁を交えずに、そのまま話をするほうがよいと思った。彼女は、何とか生活の道は考えますから、ご心配には及びませんと言う。私はその内容も聞き、何とかやっていけそうなので安心した。彼女も決して悪い人ではない。むしろ弱い人で、やはりいんねんに引かれてそうなったのではなかろうか。帰ってその結果を話したが、主人は無感動に聞いていた。

終戦後の混乱はまだ続いている。信者たちもなかなか帰ってこず、自分も疎開先から引き揚げることができない。物資が不足で食べることに追われ、心はいらいらするばかりで、おたすけに回ることもできなかった。そんななかで、主人である会長の事情解決のため、話をしに行くときに心定めをさせていただき、その定めの実行として、苦しいなかをお米や、衣料や、おつくしを運ばせていただかなくてはならなかった。いつになくこれは苦しいことであった。

　木下の母に呼ばれたときがある。姑《しゅうとめ》はそのころ、中国の人や台湾の人とつながりがあり、そんな関係で、コーヒーや砂糖、ミルクなど、人の欲しがるものはほとんど手に入るような生活をしていたが、呼ばれて行くなり、

「寿美さん、あんたはようもこんな難儀な暮らしをさせてくれる。あんたが天理教になったばっかりに、どれほど私は苦労させせられるか分からん。一体どうしてくれるのや」

と、おそろしい剣幕《けんまく》である。

　私は何のことかさっぱり分からず、ただ、

「すみません、すみません」

と口先だけで謝っていた。姑はそれきり何も言わない。とうとう何のことか

分からなかったが、私に届かぬところがあったのであろう。それを心の底から謝ればよいのに、いま話しても分からない、姑に分かってくれと言っても無理だと思う心があったので、つい口先だけで謝ってしまった。悪いことをしたと思っていた。

ところが、その姑がそれから間もなく、修養科に入りたいと言い出したので、今度は私が驚いた。これもなぜだかよく分からない。よく聞くと、姑の一番可愛《かわい》がっている息子である、主人の弟に当たる人が、大変な身上になったのだと言う。姑は天理教に反対しつづけてはいるが、やはり長年見たり聞いたりして、自分が信仰しなければ息子がご守護を頂けないと思い、修養科を志したものと分かった。昔、この姑は遊びに大金を使い、それが分かって問題となり、そのお詫びに別科に入ることとなったが、とうとう行かなかった。そういうこともあるので、今度もどうかなと思ったが、さすがにそれから年限も経《た》ち、姑も分かってきているので、修養科へ行ってくれた。一緒に、ケーキの店をしていた中市夫妻も修養科に入った。神様は一度目印をつけられたら、どんなことをしてでも引き出されるものだなと思った。

一方、西村の母は私たちより一足先に引き揚げて、西宮市川添町《かわぞえ》の兄の家に落ち着いていたが、前に記したように、年が変わると間もなく出直した。その後、兄は兵神詰所の一隅をお借りして仕事を始めることになったので、教会はひとまず、この川添町の家へ仮移転させていただくこととなった。

神戸の街は荒れ果てていた。人の心も荒《すさ》んでいた。焼け跡の瓦礫《がれき》の山、草ぼうぼうの市街地を歩いて一日暮れる。家がなくなって六甲がよく見えた。その黒ずんだ六甲へ夕鴉《がらす》が急ぐ。寒い夕焼け雲に身を晒《さら》しながら、私はこれからどう歩んでいったらよいのか、思いあぐんでいた。

逆転、再逆転

昭和二十一年二月五日、かねて兵庫教務支庁でご静養中であったせつ奥様がお出直しになった。私はこのことについて、いまここに書き記すに忍びない。せつ奥様をお偲《しの》び申し上げることは限りないが、思い出しても胸がせまるばかりで、筆をとるのも重いのである。

お出直しになったのは、教祖六十年祭の期間中であるから、二代真柱様も殊のほかお忙しいときであったが、お心にはかかっておられたのであろう、年祭期間中も祭典後、毎日神戸へ通われていた。そのなか、せつ奥様は何も仰せにならず、静かにお出直しになったのである。最期のお別れに上がったとき、二代真柱様がおそばにおいでになったが、

「せつは、美しい顔をして眠っているで。見てやって」と仰せになったお言葉が、いまも私の胸に強く焼きついている。何というしみじみとしたお言葉であったか。その二代真柱様もいまはおいでにならないが、そのとき凜々《りり》しくおわした善衞様をいま、真柱様と仰ぐことは感慨無量の思いがする。

せつ奥様お出直しのときのことを記すのは心が重いが、そのときの思い出を一つだけ記しておきたい。当時は終戦のすぐ後で、物資の極端に不足した時代だった。殊に食糧品が乏しく、皆が目の色を変えて走り回るありさまで、いまからは想像することもできないほどであった。私は戦前から戦中にかけて、寿屋というケーキ屋をしていて、せつ奥様にもショートケーキをお召し上がりいただいていたので、ご葬儀のとき、ぜひケーキを作ってお供えしたいと思った。また皆様にも喜んでいただけると考えた。

しかし、さてとなると、その材料をどうやって入手するか、しかも時間の制限があって、いつまでかかってもというわけにはいかない。急いで入手したい。誰《だれ》に相談しても、それは無理という返事が返ってきた。けれども私は、どうしてもケーキを作りたかった。いつもの私の癖が出てきて、いったん思いたった以上、何とかしてし遂げたかった。ケーキをお供えして、せつ奥様にお喜びいただきたい、奥様への最後の御用——その思いが私の心を燃え上がらせた。あらゆるルートをたどり、考えられる限りの方法で材料を集めた。ほとんどそれは、当時は金で買うことのできぬものばかりであったが、必死の努力で、信じられないような短い時間で、いろんなものが集まってきた。

大体の材料は揃《そろ》ったが、どうしても一つ調達のできぬものがあった。しかもそれは、最も必要なものである。そのものを求めて私は、戦災を免れて大阪千日前の歌舞伎座の隣で「喜久乃家」という料亭を経営している、小林きくのさんを訪ねた。この人は私の長年の友人であり、美容院時代のお客様でもある。前に身上のときに、一万円お供えしてご守護を頂いたことは記した。真実な方で、世話好きな、心の大きい人である。その小林さんを見込んで、私は頼んだ。

「実はこのたび、真柱様の奥様がお出直しになったが、そのお葬式のときに、お供養としてショートケーキを作ってお供えしたいと思うのです。それで卵を何とか都合していただけないでしょうか」

と言うと、小林さんは、

「はいはい、卵ですか。それはどれくらい要《い》るのですか」

と聞かれる。

「黄味ばかりにして、一缶ほしいのです」

と答えると、小林さんはすぐに、

「はい、一缶。そうですね、何とかなると思いますが……しかし、それはどんな一缶ですか」

と言う。私はその問いに、

「実は私の計算から言って、卵の黄味ばかりにして、一斗缶で一缶欲しいのです」

と答えると、小林さんはしばらく言葉もなく、びっくりした顔をして、

「ヘエー、一斗缶に一缶。ヘエー」

と唸《うな》っている。私も思わず息をのんだ。二人ともしばらく無言であったが、
ようやく小林さんは落ち着いて、

「先生がそう言われるのは、よくよくのことでしょう。承知しました。私が引き受けます。きっと何とかいたしますから、どうぞご安心ください」と、力強く承知をしてくれた。私は嬉《うれ》しさに、思わず涙がこぼれた。私が小林さんの手を握りしめると、小林さんも涙ぐんでいる。心と心の通い合いを、このときほど強く感じたことはない。本当に嬉しかった。こうして一番難しいと思われた卵も手に入り、五百個のショートケーキを作る全ての材料は整った。

おぢば周辺のパン工場は焼けていなかったので、私は芦津大教会長様にお願いし、芦津の奥田役員のお母様に方々当たっていただいた。そして、パン窯《がま》をお借りして、五百個あまりのショートケーキを作ってお供えした。後でお供養として皆様にお出しになったが、その当時は珍しいケーキなので、どなたにも喜んでいただいた。その喜びはいまも忘れることはできない。これもせつ奥様のお徳と思っている。

終戦後の混乱はなお続き、戦災で荒れ野となった街の復興は容易でなかったが、そのなかで生きんがための努力は、むしろ凄《すさ》まじいばかりの勢いで、ヤミ市などの繁栄ぶりには驚かされた。そんなときに、たまたま会長と一緒に、その喜久乃家さんを訪ねたことがある。実は以前、小林さんから、終戦後パーマネントが復活してきているから、もう一度店をやってみてはどうかと勧められたことがあった。私には全然その気はないので、せっかくのお勧めではあるが、お断りしていた。

会長と一緒に行ったとき、またその話が出た。立派な腕があり、呼べばすぐにも集まってくるお弟子もある。どこから考えてもパーマをされたらよいと思うのに、先生にはいくら話をしても聞いてもらえない。会長さんはどう思われますか、との話に、会長は、

「本当にぼくもそう思います」

と賛成している。私はそばでこれを聞いて、話がとんでもない方向へ行ってしまった、大変なことになったと思った。早々に会長を促して外へ出た。出るが早いか、会長に向かって、

「まさかあなたは、本気で私がまた仕事をしたらよいと思っていらっしゃるのではないでしょうね」

と聞くと、会長はすました顔をして、

「当たり前や。わしは本気で言うているのや。誰にでも聞いてみなさい。いまのこの時世に、生きるために精いっぱいのときに、仕事がのうて皆が困っているのに、仕事をして何が悪いか。よく考えてみなさい」

と言う。どうして会長と私の思いは、一つずつずれてゆくのであろうか。私はその言葉を聞いて、悲しいやら、情けないやら、腹が立つやらで、何という言葉もなく西宮の教会へ帰った。

「喜久乃家」のおかみさんには、いろいろご厄介になっている。殊にせつ奥様のお葬式のときには一生懸命つとめてくれた。そんなこともあって、その少し前に、ご主人の姪《めい》にあたる八重子さんという人に美容の仕事を教えてやってほしい、パーマネントの機械を世話してやってほしいというお話があったとき、私は喜んでお引き受けした。さらに、喜久乃家さんの近くの南海高島屋のなかで、どこか一カ所借りられないだろうかとのご相談を受けたときも、かねてから私を後援してくださる高島屋の飯田社長をお訪ねして、お願いをした。社長は、

「あなたがお店を出すと言うなら、高島屋としてお貸ししてもよいが、悪いが無名の八重子さんという人に店としてお貸しすることは、ちょっと難しいですね」

とのことで、これは諦《あきら》めてもらうよりほかなかった。

そんなことがあった後の話であり、喜久乃家さんは、美容の仕事に対してよほど深く思い込んでおられ、会長もまたそれに賛成しているようなので、私もそのままにはしておけなかった。思いあまって上級の会長や、常々お世話になっている先生方にご相談に行っても、誰一人として私に賛成してくれる人はなく、皆がご主人の言われるようにするがよいとの意見である。とうとう私もそれに負けてしまった。当時のお道はそんな空気であった。

そこであらためて、今度は私が店を出しますからと、高島屋へお願いに行ったが、そのときは既に大阪のある有名な美容院が借りて、開店の準備が進められていた。飯田社長がいろいろ考えてくださって、大阪の野田阪神駅前と、天王寺阿部野橋に高島屋の支店があるので、どちらでもよいほうを使うように、設備は全部高島屋でして貸してあげるという、まるで夢のような結構な話であった。私も、そこまで考えてくださるならばと心が定まって、野田阪神の二階全部をお借りした。しかし、それではあまり広すぎるので、半分に仕切って、パーマネントの店と、喜久乃家の支店を出してもらうことにした。もちろんハリウッドの名称である。八重子さんに仕事を教えながらの営業であるが、手伝いに来てくれる人もあり、ほかに美容院が少なく、それにハリウッドの名もなつかしく思ってくださるのか、開店するなり大盛況のありさまとなった。

日を追うて繁栄は続く。おつくしのほうにも役立つようになってきた。しかし、それと立て合って困った問題も出てきたのである――というのは、かねて主人と訳のあった彼女が、生活に困っていたところ、私が店を出したということを聞いたので働かせてほしいと頼みに来たのである。もともと私の弟子であるし、腕の立つ人なので、会長と相談して来てもらうことにした。私としては、困っているというのを放ってはおけなかった。

再び踏むまいと心に決めた美容の道であったが、事情に負けて一度心を許すと、すべてのことが、また元の道へ戻っていく。自分の心の弱さに泣くとともに、なぜ主人に会長になってもらったのか、こんなときにも会長としての主人に従わねばならぬのかと、愚痴《ぐち》とも不足ともつかぬ思いが湧《わ》き上がってくる。神様とお約束しながら、それを破った私への罰か、一番恐れていた主人と彼女の仲が、また復活してきたようであった。

よく分かってはいても、いったん踏み込んだ道からは、なかなか出られない。そうこうしているうちに、私たちの結婚のときの仲人であり、私が道一条になってからは信者として、役員としてつとめてくれている人の土地が、大阪高島屋のすぐそばに二百坪ほどあり、そこへ他国籍の人が不法建築をしようとしていると、喜久乃家の小林さんが知らせてくれた。そのままでは土地を取られてしまう恐れがあるという。終戦後にはよくこんなことがあった。

地主であるOさんは、伊豆の大島へ行っていて何も知らず、また知らせてあげてもすぐには来られないと思うので、小林さんはその二百坪の土地に急いで美容室を建てたいと言う。先生さえ承知してくれたら、そこへ美容室のほか、店を六軒建てたい。先生の美容室が入るなら、ほかの人たちも承知してくれて六軒の店ができるが、先生が不承知なら、あの土地は他国人にとられてしまうかもしれないと、大変強い話である。私は困った。実は野田阪神の店だけでも、成り行き上、心が進まぬながら開いているのに、南海高島屋のそばでまた店を出すとは、高島屋さんに対しても悪いと思ったが、それも断りきれず、とうとうまた店を出すこととなった。

教会の御用もあまりできず、そのときは信者の人たちもまだ帰って来ていない。生活のため、またおつくしに役立てられるとはいうものの、心に染まぬ仕事に精を出さねばならぬとは――そんな気持ちが映るのか、もちろん彼女のこともある。主人と私との間に、何となく溝のようなものができて、両方がこだわりを持つようになっていた。そんなときに、教会の階下にある小さな洋室を美容室にするように、会長が図面を引いてもらっていることが分かった。私は事がもうここまで来ているのかと思って、主人に会長になってもらったことを恨むような気持ちが再び湧いてきた。毎日毎日が不足で心がたまらず、思いきってご本部の北礼拝場で、おたすけ掛をしておられた柳井《やない》徳次郎先生に事の次第を申し上げてご相談した。柳井先生は、

「すぐに店をやめること。上級から何と言われようと、本部の先生がどうお

っしゃろうと、そんなことに捉《とら》われないで、やめなければならない。あなたはたすけ一条で通る以外に道はない」とキッパリおっしゃってくださった。私は跳び上がるほど嬉しく、かんろだいにお礼を申し上げて足取りも軽く帰路についた。私の心はもう決まった。帰りに喜久乃家へ寄って、難波新川の店をやめる、野田阪神の店もやめることを話して、とにもかくにも承知をしてもらった。

教会へ帰ったら会長もちょうど居合わせたので、私は大阪の両方の店をやめること、そしてこの教会の洋間で美容院をするように言われているが、それもいたしませんと、キッパリと宣言をした。私の態度がはっきりしていて、言うても無理と思ったのか、会長も、お前にする気がないのなら、それでよいだろうと言う。私はここで再び、本筋の道一条に進ませていただくことになった。

進む道は決まった。いまはこの道をまっしぐらに進めばよい。しかし、私はしきりに何かを求めていた。自分は一体どうすればよいのか、どう通ればよいのか、教えてほしい、親がほしい、はっきりと示してくれる先輩がほしい――と求めてやまなかった。本島大教会の初代会長様の本を読んで深く感じたこともあった。求めるばかりでよいのかと、ボンヤリ気のつきかけたとき、再び柳井先生のお話を伺う機会があった。そのとき先生から、

「この道の信仰は、親の無理を聞かせてもらって、子の無理を聞いてやって、自分は金槌《かなづち》の川流れで、浮かぶところのないのが結構な理づくりなのだ」

と聞かされた。このお話を聞いたとき、私は突然、夢から覚めたように感じた。いわゆる目からうろこが落ちたというたとえの通りであった。ああ、そうであった。自分は親がほしいと求めているが、自分が親にならねばならなかったのだ。これに気がついた。本当に私の信仰なり、布教への一つの開眼であった。

それとともに、教会で一緒に暮らしていた甥《おい》の英一（兄四郎の長男）から、結婚と事業のうえの事情に悩んでいる友人のおたすけを頼まれ、それを解決してあげたことが、新しい道への門出となった。これが道あけとなって、次々とにをいがかかり、おたすけもあがった。

道の御用をさせていただきながら、なぜか私は主人である会長のことが気

になってならなかった。これはどうしたことか。いままでも同じようなことを繰り返してきて、私は主人のほうから別れようと言ってきてくれたらと、何か待っているような気持ちであったが、今度は気になって仕方がなかった。不思議でならなかった。

家のなかに何かただならぬものを感じたとき、私はいつも胸のなかに持っているものを、主人にぶつけてしまった。それは無意識に近いもので、私の意思ではなかったかもしれない。失礼な言葉であったと思う。主人は蒼白《そうはく》な顔をして私の前に立ち、二階へ上がれと言う。言われるままに二階へ上がると、

「いま言ったことを、もう一度言ってみよ」

と言う。

「ハイ、何度でも言います」

と言った途端、主人の手は私の顔に飛んだ。そうして私の前に両手をついて、

「頼みたいことがあるので、聞いてくれ。彼女をこの教会へ連れてきたいので、承知してくれ」

と、いままでは隠していた主人が、今度は開き直った態度である。私は、

「どうぞあなたの思うようにしてください。私は決して何も言いません」

と言いきった。話は終わった。

詰所づとめ

終戦の混乱もややおさまりかけてきた昭和二十三年の五月、上級の名田分教会の会長から私に話があった。それは、

「近く兵神詰所の寮長が変更になる。今度寮長になられるのは、単独布教でたたきあげられた切貫栄治先生だが、その切貫先生が、木下が助手として炊事方面一切をやってくれるなら、寮長をやらしてもらってもよい、と言っておられるそうだ。それで大教会としては、どうしても木下さんに詰所勤務をしてもらいたいということだが、どうか」

とのことである。私にとって、この話は正直なところ、全く渡りに船と言ってもよかった。神様はその時期時期に応じて道をおつけくだされると思って、

ありがたくお受けすることにした。

さきに私は主人の問題についてキッパリと口をきいたが、実は主人と彼女と私の三人が同じ屋根の下で仲よく暮らすということは到底考えられず、あさましい気さえする。といって一度口に出して言いきった以上、私の性格として取り消すことも、後へひくこともできない。どうしようかと思いあぐんでいたのである。そのとき、甥《おい》の英一は修養科第八十五期に入っていた。におい、がけして道に入ってくれた松谷という人が、修養科を出て尼ノ浦の教会に住み込んでいた。三人の子供のうち、長男は天理中学在学中で教会におらず、中学一年の長女彬《ひろ》と、小学五年の次男博之は教会にいた。この二人の子供のことをくれぐれも松谷さんに頼んで、私は兵神詰所で勤めさせていただくこととなった。

私は心のなかで、おぢばに引き寄せていただいて苦悩を忘れたい、そしておぢばで勤めきって教会のなかが治まるようにと、ひたすら願っていた。終戦以来、詰所のなかは荒れに荒れていた。炊事係の松村さんは六人の子持ちで、一番幼い子供はまだ生まれて間もなかった。寮長の切貫先生は私に、修養科生に何とか食べ物を確保してやってほしいと言われるが、それはその当時としては無理なことであった。また、子供を連れている松村さんは近く詰所を出てもらうように役員会議で決まっているから、承知してくれるようにとのことである。私は松村さんがとても気の毒に思えた。どこへ行っても六人の子持ちではやりにくい。詰所から出てくれとは言えない。それで切貫先生に、どうでも松村さんには居てもらうように、そうでなくては困るのでとお願いした。松村さんにはそのまま詰所で勤めてもらうこととなり、後ではとても役に立ってくださったのである。松村さんも非常に喜んでくれた。

詰所の職員は、寮長の切貫栄治先生と、副寮長として兵神直轄の和庄《わしょう》分教会の会長、私は修養科生指導員と炊事の責任者ということで、後は若い本科生、専修科生、天理外語生の六人で勤めるのであるが、和庄の会長はその後、都合で帰られたので、結局切貫先生と私のほかは、若い学生さんばかりで勤務することとなった。

陣容を一新して発足した詰所である。寮長の切貫先生は毎朝五時に寮長室に出てこられる。それまでに部屋を暖め、鉄瓶に湯を沸かしていなければならない。修養科生のなかから一人、婦人に当番についてもらうが、六時に朝づとめで、済むとすぐ食事になる。食べ物も全くお粗末なものであったから、だんだん改良しなければならない。食堂や炊事場は、昼は大変な蠅《はえ》、夜は蚊で、じっとしておれないほどである。各部屋もほとんど完全な障子がなく、紙は破れ骨もボロボロである。戦争直後の気分がまだ残っていて、喧嘩《けんか》は毎日、なかには刃物を振り回す人さえいる。私はそうしたなかで、毎日真剣におつとめとおつくしを説いた。必ず全員揃《そろ》っておつとめをするように、そのために食事の時間が遅れることのないよう、不足の心の起こらないようにと心を配った。

　詰所はだんだん明るくなり、皆の心もおさまってきたが、それでも時々は喧嘩があった。騒ぎが大きくなると、誰《だれ》かが事務所へ知らせに来る。おさめに行くのは、たいてい私であった。せっかく買った品物がヤミに引っかかって、警察から呼び出しがあれば、私が責任者として出かけた。寮長先生はそのときもう七十歳の高齢で、お元気ではあったが、私はすべての第一線に立ってやらせていただいた。社会全般がまだ物資不足で、特に修養科生は食べ物に飢えていた。いまと違って各詰所で一切の食事を賄《まかな》うので、その苦心は並大抵ではなかった。皆の欲しがるものをあげられない場合が多かったが、私の気持ちが通じたのか、皆、嫌《いや》な顔もせず食べてくれた。私はお手洗いへ行くのも、炊事場へ行くのも、必ず寮長先生に声をかけて行くことに決めていた。夜十二時に事務所を閉めて、それからが私の時間になる。

ご本部の参拝が終わって詰所に帰ると、たいてい午前一時であった。ところが、専修科生や修養科生から朝三時に起こしてくださいと頼まれる。それが気になって、なかなか寝つかれない。目が覚めても時計がない。広い詰所のなかで、時計は事務所にかけてある一つしかないし、そのころは腕時計など持っている人もなかった。時計を見に事務所まで降りていかねばならない。二階の講堂の裏で寝ているので、講堂を通って降りていく。寝間着がなくて肌着のまま寝ているので、モンペを穿《は》き、ハッピを着ていく。時間が二時半というようなときは、部屋へ帰ってハッピを脱ぎ、モンペを脱いで床に入っても、時間ばかり気になって寝られない。毎日毎日そんな夜が続くし、夜中に身上者のおたすけなどもあり、いつ眠ったのか分からない状態であった。

教会へ帰れば、会長は寝間着を着てゆったりと寝ている。会長の母が世話してくれているのであろう。もし私の母が生きていたら、寝間着ぐらいは何とかしてくれるのにと、われながら哀れな心遣いをしていた。しかし、夜中に幾度も布団《ふとん》を出たり入ったりして、眠い目をこすりながら勤めることも、思えば一つの楽しみでもあった。

そんなときに、修養科生として入ってこられたAさんという婦人があった。身上はよく分からなかったが、とても顔色が悪く、お腹《なか》が膨《ふく》れて苦しそうである。いろいろと事情を聞いてみると、Aさんのご主人は税務署の役人で、関税課長を務めておられたとのこと。終戦直後の税務署の関税課長というと、非常に重要なポストで忙しく、収入も多くて人から羨《うらや》まれる地位にあったと思うが、突然腸捻転《ねんてん》を起こして出直されたということであった。

Aさんはそれを苦にして病気になり、いろいろと手を尽くしたが治らず、生駒の断食道場などへも行ったが思わしくなかった。とうとう近所の人の勧めで、修養科第百期生として来られたが、病状は一進一退のありさまであった。

私はしきりにおつくしをするようにと勧めるが、なかなか思いきれず、一度はその気になってお金を取りに家へ帰ったが、やはり周囲の反対で、おつくしはできませんと言って詰所へ帰ってきた。心が勇めず、ますます身上のご守護を頂けぬような心遣いや行いが表面化して、お話を取り次いでも一向に聞いてもらえず困っていたところ、途中で修養科を無断でやめて帰ってしまわれた。

びっくりしたが、早速迎えにやらせていただいた。いろいろ話をして、また修養科へ帰ってきてもらった。三カ月の期限も終わりに近づいたころ、Aさんだけでなく、百期生一同に最後のお仕込みをすることとなった。そのときAさんは、あまりにお腹が大きく膨れ上がって座ることもできず、両方の手を後ろについて、手の力で辛《かろ》うじて座っているありさまであった。

私は見ていて、とてもつらかった。Aさんをその身体《からだ》で帰しては申し訳ない。親神様、教祖に何とお詫《わ》び申し上げてよいか。修養科の三カ月も終わろうというのに、全然たすかっていないのである。Aさんに、

「あなた、どうするつもりですか」

と聞くと、

「仕方がないので、帰って病院へ行きます」

と言う。

「Aさん、病院へ行って治ると思いますか」

と言うと、Aさんも治らぬということは分かっているので、返事がない。私は、

「お願いやから、思いきっておつくしをしてください」

と心を込めて頼み、とうとう、

「それでは、おつくしさせてもらいます」

ということになった。Aさんは、自分一人では帰れないほど弱っているので、使いの人に行ってもらった。

　Aさんの亡き主人の友人がお金を預かっていたが、その人は私もよく知っている人なので、Aさんの頼みで預かっているお金を全部渡してくれた。早速、寮長先生にお金を渡して、お願いづとめをしていただいた。

　翌日は教祖御誕生祭で、詰所はとても忙しかった。そのなか、修養科生が

私を呼びに来た。

「いま、Aさんが転んで、とても苦しい苦しいと大騒ぎです。すぐおたすけに来てください」

と言う。ありがたい、理が働きかけてきたのだと、急いでAさんの部屋へ行くと、

「先生、これがご守護ですか。こんな苦しいのがご守護ですか。おつくしすればたすかると言われたのに、どうしてくれるのですか」

と、苦しいなかからも大声でわめいている。

「Aさん、これがご守護ですよ」

と言うと、一層腹を立てて、

「こんなご守護なら要《い》りませんわ」

と言っていたが、

「とにかくおさづけをさせていただきましょう」

と、すぐおさづけを取り次いだところ、急に吐き気がして、大きな洗面器いっぱいにどろどろした水を吐き出した。そして、トイレに行きたいと言うの

詰所で歌をうたう(昭和24年)

で連れていくと、ここでも便がたくさん出て、お腹はみるみるペシャンコになり、完全におたすけいただいた。

それを機会に、Aさんは当時二歳であった一人息子を引き取り、詰所から会長宅へ移って、二十年以上も勤めてくださった。息子さんも、いまは五人の子供をお与えいただき、家族揃ってお道の御用に励んでいる。

詰所で私はよく、おつくしの話をした。おつくしの話以外はあまりしなかったと言ってもよい。おつくしをするお金がなかったら、洋服を売ったり、身の回りのものでお金になるものを売って、してもらった。いままでそんなことを言うた人がないのに、木下先生になってから、なぜおつくし、おつくしとうるさく言うのかと、直接聞きに来る人もあった。

「いままでは兵神でおつくしを言う人がなくても、それでよかったでしょうが、もう時旬が来て、兵神にもおつくしが必要になったので、教祖が私のようにおつくしの好きな者を詰所へお引き寄せくださったのでしょう。そんな時期と悟ってください」

と、私はその人に答えた。答えただけでなく、私はそう信じきっていた。その人はそれで納得してくれたのである。しかし、時には役員先生に呼ばれて、なぜそんなにおつくしをさせるのかと叱《しか》られたこともあった。私の体質は人と少し違ったところがあるのか、その行動も違っているようで、常に兵神の人たちの神経に障ったと思うが、大教会長だけはいつも、陰になり日向《ひなた》になって、私を激励し、いたわり、犒《ねぎら》ってくださった。そうしたなかで、私に言わせれば、おつくしによって奇跡が起こり、不思議なご守護の数々が頂けたと思うのである。

ある日、某大教会の会長様から、「南京虫」という、終戦直後とても珍しがられた極小型の婦人用時計を、誰か買ってくれる人はないだろうかと依頼を受けた。頼まれればすぐ引き受ける私であるが、その当時は私の知人で時

計を買うような人はなく、困ってとうとう寮長先生にそのことを打ち明けた。すると思いもかけず寮長先生が、

「私がその時計を買ってあげましょう」

と言われた。私はびっくりしたが嬉しいので、早速買ってくださるようお願いした。すると寮長先生は、

「私が買うのは、その時計をあなたにあげたいからで、あなたにそれをぜひ持ってもらいたいのだ」

と言われた。そんなことはできませんと、私は固く辞退したが、頼まれた大教会長様のことを思うと何とかしたいし、とうとうその時計を寮長先生から頂いてしまった。

　私はなぜか恐ろしいような気がした。しかし、そのままに打ち過ぎた。すると、間もなく詰所で二人の出直し者が出た。私がおたすけをさせていただいている人であった。おつくしを説く自分が、いくら先方のご厚意ではあっても、物を頂いて身につけるということのとり違え（この場合では）が響いたのではないかと思われた。私は親神様に心からお詫び申し上げた。

ある日、尼ノ浦の会長が私を訪ねてきた。会長と話をするようなことはほとんどなかった。月次祭には尼ノ浦へ帰るが、おつとめが終わればすぐ詰所へ戻るので、教会へ泊まることはなかった。私に話があると言うので聞いてみた。すると、いまいる西宮の教会を家主が明け渡してくれと言うので、代わりの家を探してみたが、とてもいまの自分の手には負えそうにない。どこかの二階でも借りて移ろうかと思っている、と言う。私は話を聞いてびっくりした。二階借りなど、とんでもない。そんなことをしたら神様に申し訳ないから、私が家主に話をすると言って会長には帰ってもらった。

私は早速、お暇を頂いて家主にかけ合いに行った。いや、かけ合いというよりも頼みに行ったのである。家を立ち退くときには、絶対にお金の要求などしないから、何とか家の見つかるまで置いてほしいと頼んだ。幸いに了解してくれて、なるべく早く家を見つけてほしいということである。そうして教会の家探しが始まった。

家探しといっても、教会用の家といえば、いろいろ条件があるし、空襲で多くの家が焼けてしまって、なかなか簡単に見つかるものではない。家主との約束もあるし、困っていたある日、大教会長からよい家があるとお知らせがあった。早速伺うと、それは飾東の大教会長様からのお話で、神戸の灘区で建築にかかっていた飾東部内の教会が九分通りできたが、都合があって売りたいと言っている、とのことであった。その教会は敷地百五十五坪で、そこに二十坪ほどの神殿がほとんどできている。早速にも欲しいが、七十万円と言われるその価格に対して、手元には全くお金がない、文なしの状態である。


とにかく、信者さん全部に集まってもらって、いろいろと事情を話すが、誰も「やりましょう」と言って口を切ってくれる者がない。当時の状態としては無理もなかったのであるが、話は進まず、重苦しい空気のなかで時間は過ぎていった。そのとき、私と一諸に詰所で勤めている尾口という青年――年は二十二、三歳であったが、その尾口青年が突然大声をあげて泣きだした。

「先生がこんなに困っているのに、誰も何もできんのか」

と叫んで、なおも大声をあげて泣く。私もびっくりしたが、皆もはっと胸をつかれたようである。その泣き叫ぶ声に、一瞬にして皆の心は定まった。たちまち、何とかしてそこへ移転させていただこうと相談はまとまった。

その数日後、私たちの媒酌人で、信者総代にもなっていただいている彫刻家の妹尾健太郎さん（二科会会員）が、高島屋で個展を開いていた。それに谷崎潤一郎先生の胸像を出品したところ、欲しいという人があり、差し上げますと言ったら三万円のお礼を下さったとのことで、これを移転費用にとお供えしてくれた。これをきっかけとして少しずつお金が集まってきた。

飾東大教会へお願いし、このお金を内金として入れ、神戸市灘区大内通《おおうちどおり》四丁目の教会へ入れていただいたのは、昭和二十五年の暮れで、教会移転のお許しは、翌二十六年一月二十八日に頂いた。この移転建築出願のときに、併せて尼ノ浦分教会を天浦《あまうら》分教会と、名称変更を願い出た。尼ノ浦は事情教会であったのを、大和布教所から教会名称の理を頂くときにそのまま頂いたので、これまでその名称のままであったが、このたび気分一新の意味で、「尼」を「天」と変えさせていただいたのである。その後、参拝場、炊事場と増築し、附属建物もできて、最終的には建坪六七・七二坪の教会となった。

詰所でのご奉公は三年間というお約束であったが、その期間は瞬くうちに過ぎた。修養科生の育成と、私の責任である炊事のうえに、私は全力をあげて勤めさせてもらった。毎日毎日が楽しく、充実した日々であった。この三年はずいぶん勉強させていただいた。教会の御用はできなかったが、詰所での勤めを、神様はいささかでもお受け取りくだされて、その間に教会は大きなご守護を頂けたと、私は思っている。詰所での三年間の思い出は、記せばきりがない。まとめてみると、

一、職員一同は皆とても仲がよかった。特におつくしの面で心が一つに結ばれていた。

二、不思議なご守護の数々をお見せいただき、皆の心が勇みきっていた。

三、人と自分との間に、隔たりというものが全くなかった。

四、物資不足のときであったので、来客用にと思って用意してあるものを、知らぬ間に職員の人たちが勝手に食べてしまって、私が捜していると、皆でクスクス笑っていた。私はちっとも怒る気になれず、皆が喜んで食べてくれたこと、それがまた楽しみの一つであった。

五、詰所の会計でお金が不足したとき、私はよくバザーをしてお金をつく

った。後になって差しとめられてやめたが、バザーはとても楽しかった。

六、私は私なりに、詰所にいる間に自分のいんねんの姿をずいぶんお見せいただいたと思う。

七、上級の会長と一年間一緒に勤めたとき、いろいろと問題が起こって、他の職員とのなかに入って苦しんだことがあった。しかし、これも済んでみれば思い出の一つである。三年間一緒に勤めた人たちと、最後のお別れに、東本大教会の箱根の別荘をお借りし、そこで二泊して楽しい時を過ごした。そうして神戸の教会へ三年ぶりに引き揚げた。

飴で作った杖

三年ぶりに教会へ帰ってきたら、そこにはいろんな事情が待ちかまえていた。まず第一に、私がおぢばで勤めさせていただいている間にご守護いただいた大内通の教会に、やっと落ち着いたと思った途端、大教会長から、

「神戸のトア・ロードに、兵神として部内教会を設置したい。元来、木下はトア・ロードにおったのだから、どこかよい所を探して、そこへ教会を移すように」

と仰せつかったという。そのとき、トア・ロードで相当広い土地を売りたい人があり、その土地にはバラックが建っているが、どうしましょうと大教会長に申し上げたところ、買うようにとのことであった。お金のことを銀行に

相談したら、一口十万円預けてくれる人を三十口世話してくれたら、百万円貸してあげると言うので、そのために毎日走り回っているが、三十口はなかなかできないので困っている。それに、ほかのことでもだいぶ無理が重なっているので、どうにもならんのだということである。

会長はいままで、金銭には恵まれた人であった。お金に困るというようなことがなかったので、分からないのであろうが、なぜもっと神様におすがりし、ご守護いただくという気持ちになってくれないのか。私にとってそれが一番不足の種であったが、三年間教会をあけておぢばに勤めていたのであるから、不足がましいことも言っておれなかった。会長の言う通りに努力してみたが、なかなかうまく行かず、全く手も足も出ないありさまであった。

当時は毎月の教会へのお供えも、五万円が精いっぱいのところであったが、教会にできている借財は一カ所の利息だけでも五万円要《い》るという。私も生まれて初めて借金の苦労をして、毎日これをどう切りぬけるかと、そればかりを考えていた。そうしたなかで、不思議なことから十万円のお供えを頂いた。早速それを上級へ運んだところ、とても喜ばれたが、ついでにもう十万円お供えせよとのご命を頂いた。私は戸惑い、会長さんがせよとおっしゃればさせていただきますが、どの信者さんに相談すればよろしいでしょうかと聞くと、検定講習を受講している妹尾さんの奥さんに言うて頼めとのことである。

それを聞いて私は再び驚いた。妹尾さんの奥さんは、検定講習を受けるお金がないので、ズボンを一足持ってきて、それを売って講習の費用をつくり、子供二人を教会に預けて受講している人である。そのときの検定講習の費用は三千円だった。その人に十万円のおつくしをせよと言うのは、まるで夢のような話である。しかし、親の言われることはどんなことでもハイと受けるのが信仰だと思って、いままでその通り実行してきたので、とにかくおぢばへ帰らせていただき、ご本部に参拝して検定講習会場へ足を運んだ。

講習会場までは来たが、どうして話を切り出そうか、聞いてくれるであろうか、いや無理だと、私の胸は早鐘をつくようである。やがて時間が終わって皆が出てくるなかに、妹尾さんを見つけた。妹尾さんは思いもかけず私がそこに立っているのを見て、先生、と言って駆けよってきた。私はそこで立ったまま、思いきって上級の会長の言われるままを妹尾さんに伝え、十万円

のお供えを頼んだ。妹尾さんはもう半泣きで、

「先生、私はお金など全然ありません。子供も預かっていただいて、私自身もどうしてやっていこうかと思っているくらいです。それは先生もよくご存じのはずと思います」

と言う。全く無理のない話である。しかし、私はここでやめてはならんと、力を込めて、

「それはよく分かっています。しかし、私は無理を承知で頼みに来たのです。あなたがするのではない、神様にご守護を頂くのです。たとえ駄目でもよい、神様にお願いして努力してみてください」

と言うと、妹尾さんもやっと気を取り直して、

「先生、よく分かりました。明日の午前中に何とかお返事いたします。それまでお待ちください」

と言ってくれた。私はもう一度神殿に参拝し、お願いをして教会へ戻ってきた。

翌日の午前十時ごろ、早速妹尾さんは教会へ来た。前日と打って変わった

嬉《うれ》しそうな声で、

「私、生まれて初めて親の御用で苦労させていただきました。おかげさまで二万円だけですができましたので、どうぞお供えしてください」

と言って、お金を差し出した。私はあまりの早さに驚いたが、思わず嬉し涙がこぼれた。ああ、よく私の言うことを聞いて、一生懸命つとめてくれた。ありがたい。これも親の言われることを素直に聞いて、神様にもたれてつとめさせていただいたおかげと、しみじみ思った。それにしても、どうしてこの二万円ができたのか、不思議に思って聞くと、

「実は、悪いこととは思いましたが、子供が病気になって、思いがけず旅先でお金の要ることができましたので、と言って頼んで借りてきました」

と言う。少し事情は違うが、この場合そう言って頼むのもやむを得なかったであろうと神様にお詫《わ》び申し上げ、早速その二万円は上級へ運んだ。

そのうちに、いつも私をご指導くださる某大教会長様から、胸のつまるようなお話を聞いた。

「木下さんのところが、そんなに苦しい毎日を送るとはどうも考えられない。

それはお目標《めどう》様を祀《まつ》り違えているからではないか。どうでも上級に話をして、天浦の理にお許しを頂いたお目標様をお迎え申し上げなさい」

とのことである。これを聞いて私は胸に思い当たるものがあった。それは、まことに申し訳ないことをしていたのである。

　もともと天浦は事情教会を引き継がせていただいたのであるが、布教所から教会になったとき、尼ノ浦のお目標様と、布教所としてお下げいただいた神実《かんざね》様との二つをお祀りしていた。戦争になって私は疎開し、会長は教会に残っていたが、その教会が昭和二十年六月五日、空襲により全焼した。それは昼間のことで、会長は外出中であった。教会をお守りしていた人が、空襲中にお目標様をお遷《うつ》しするときに、布教所時代からの神実様をお遷し申し上げたが、教会のお目標様はお遷しすることができなかったのである。

　その後、教会は西宮へ仮移転し、さらに大内通へ移って、そのお社にお納めするときに初めて、いままでお目標様と思ってお祀りしていたのが布教所時代の神実様と分かってびっくりし、深くお詫び申し上げた。そうしてあらためて、天浦としてのお目標様をお迎えしたいと上級へお願いしたが、なかなか聞き入れていただけなかったのである。いま、こうしてその理の違いをお諭しくださったので、押してお願いし、やっと聞き届けられて、初めて天浦のお目標様をお迎えすることができた。一同の心は晴れ晴れする思いであった。

当時の天浦の教会は、飾東の大教会長様のお取り計らいによって、わずかのお金を入れたばかりで置いてもらっていた。私は少しでもお金ができると、借金を払うより何より、理立てが第一と考えて、できるだけおつくしさせていただきたい思いでいっぱいであった。そのため、神床にはお社も御簾《みす》もお道具も、寄せ集めながら揃《そろ》ってはいたが、畳は入っておらず、筵《むしろ》の上に毛布や布切れを敷いていた。風の強い日は床の下から毛布が吹き上げられるありさまである。

お目標様をお迎えして、奉告祭をさせていただくということになれば、幣《へい》帛《はく》料が要《い》るし、おつくしもさせていただかなければならない。大教会長はもとより、かねがねお世話になり、お導きいただいている芦津、飾東、洲本の各大教会長様にもお入り込みいただくことは当然であるので、参拝場も増築しなければならない。しかし、この大内通の教会は売ることに話が決まり、三分の一ほどのお金も頂いている始末である。それは、大教会長から仰せいただいたトア・ロードの土地を買収し、そこへ移るようになっているからであった。いまの場合、増築などは考えられないのであるが、私の思いは、ここへお迎えさせていただいたお目標様で、ここで奉告祭を執り行いたい。それには増築をせねば、大教会長様たちに座っていただくところもない。それで、売ると決まっている教会を急いで増築することにした。そうと決まると不思議に次々とお与えを頂いた。

さきに検定講習を受けていた妹尾さんの伊豆大島の自宅へ、留守中、教会から一人の婦人にひのきしんに行ってもらっていた。妹尾さんは検定講習を了《お》えて伊豆大島へ帰ったが、御用の済んだ婦人が帰ってきたとき、八万円のお金を持ってきたので、私はびっくりしてしまった。妹尾さんといえば、一カ月前に講習の費用がなくて、ズボンを売って講習を受けた人である。途中で私が無理なことを頼んだときには、大阪で二万円を借りてお供えしてくれたが、いま八万円がどうしてできたのかと、思わぬお供えに驚いた。妹尾さんは、これで約束通り十万円させてもらえましたと、とても喜んでいたという。おつくしというものは、してもらったほうはもちろん嬉しいが、させていただいたほうはそれ以上に嬉しいものである。きっと妹尾さんも勇んでくれているであろうと思い、あらためて親神様にお礼を申し上げたのであった。

おかげで次から次へとご守護を頂き、神具一切が揃い、御簾も新しくなり、畳も入った。奉告祭は三人の大教会長様と、上級の会長をはじめ、大勢の方をお迎えし、新しく増築したところに入っていただいて、盛大につとめさせていただくことができた。おつとめも無事に終わり、直会《なおらい》に移って一同喜びを共にし、お開きに近づいたとき、芦津大教会長の井筒先生が、神前にお供えしてあった、飴《あめ》で作った実物大のステッキ五本をリボンで束《たば》ねたものをご覧になって、あれは何かと尋ねられた。私は、

「飴で作ったステッキです」

と申し上げると、途端に、

「天浦は飴で作った杖《つえ》をついて信仰しているのか。そんな甘ったれた道を通っているのか。それならやめてしまえ」

と大変なお叱りを受けた。そして、いまトア・ロードで買っている土地は売ってしまい、この大内通を動くな、とおっしゃった。
　私たちにとって、トア・ロードは自分の意思で買いとるようになったので
なく、大教会長のご命である。そしてこの大内通は既に三分の一以上のお金
を、買っていただくことになっている切貫先生から頂いている。とてもそん
なことはできない。どうお返事すればよいかと、私は思わず大教会長のお顔
を見上げた。すると、大教会長は静かに、
「木下さん、井筒先生のおっしゃる通り、トア・ロードを売って、いままで
通りこの場所にいなさい」
とおっしゃった。そのお言葉を頂いて、会長も私もほっと一息ついてお礼し、
「それでは井筒先生の仰せ通りにさせていただきます」
と申し上げた。
　そのとき、同席して様子を見ておられた切貫先生が、私に向かって、
「木下さん、よかった、よかった」
と言ってくださった。そして、

「いままで私が渡した、この大内通の教会買収のお金は心配しないように。詰所でずいぶん木下さんに苦労をかけたからなあ。私が三年間、寮長という大切なお役目を、老いの身ながらもつとめられたのも、全く木下さんが防波堤のようになってたすけてくれたおかげだから、決して心配せずに大教会長のお言葉通りにしなさいよ」

と、一番心にかかる問題を解決していただいた。息詰まるような私の心のなかが晴れ晴れして、思わず涙が頬《ほお》を流れるのを感じた。

続いて教会の役員である村橋巳之市さんが、

「トア・ロードの土地を売るのでしたら、私、いまからちょっと行ってきます」

と、早速駆け出した。二時間ほどで帰ってきたが、

「友人に話したところ、百四十万円なら買わせてもらうと言っています。それでよろしいでしょうか」

と言う。もちろん異存のあろうはずがなく、会長から、

「結構です。それでお願いします」

と返事をし、奉告祭の日に問題は全て解決を見た。来賓の先生方も皆残っておられ、共にわがことのように喜んでくだされた。

しかし、私には一抹《いちまつ》の悔いと申し訳のない気持ちが残った。トア・ロードへの進出は大教会長の思いであるとともに、神戸に住む者としての私たちにとっても、一つの夢でもあった。私はトア・ロードに店を持つことの望みは一応果たしたが、教会を持たせていただくことができたら、こんな嬉しいことはなかったに違いない。私たちの力が及ばず、また私たちの考え方に厳しさが足りなかったため、せっかくの大教会長の思召《おぼしめし》に沿うこともできず、夢もとうとう実現しなかったのは、本当に申し訳ないと思っている。願って、つとめて、つとめて、すべて叶《かな》えていただいたなか、こればかりは叶えられなかったことに思いが残る。しかし、それも詮方《せんかた》ない。

とにかく、いままで借金に追われ、そのことばかりに心を遣って、にをいがけ・おたすけに丹精できなかったことは申し訳ないので、こうして事情を解決していただいたからには、これまでの分を取り返すつもりで、しっかりとつとめさせていただき、またおつくしの面にもつとめねばならぬと、心を新たにして励むことに踏みきった。すがすがしい気持ちであった。

その心も決まった矢先、かねてから教会に住み込んで、大工をしていた人が、教会も手狭だからせめて客間を建てたらと言っていた。そんなに力のある人でもないので、私も半信半疑であった。しかしその人は、とうとう一人で地取りを始めた。

そのころ、上級の名田分教会と部内教会との間に事情がもつれて、部内から決議文を作って大教会に差し出すというようなことがあり、会長は大教会預かり、奥様は下関の実家へ一時帰られるという事態となった。私は奥様を下関までお送りしたり、会長夫妻のおられない名田へ毎日運んだりしながら、にをいがけに東奔西走していたが、その間にも客間のふしんは進んでいた。

費用はふしんを言い出した住み込みの人が、ほとんど一人でやってくれている。いままで実のところ、あまり頼りにもしていなかったのに、ふしんを言い出し、一人でやっている。どこからどうしてそんな力が出てくるのか、私には分からない。ただ神様がお働きくださっているとしか思えなかった。

天浦の教会に住み込んでいる人たちは、私たちの家族と他の二家族は道一条であるが、そのほかに働きながら住み込んで、収入を得ている人もある。一方はとても苦労している人、一方は多少なりとも収入があって暮らしている人というので、内部はとてもやりにくく、私も落ち着けなかった。自分が道一条になってからは、全然収入の道を断っていたので、皆が揃うて道一条で苦労を分け合って通ることが望ましいのであるが、当時の事情としてはやむを得なかった。教会の内は私の姑《しゅうとめ》になる木下の母が実権を取っておられ、私はただ母の思うように任せていた。

　母は元来、信仰には遠い人であった。若いころに、父が一生懸命に貯《た》めた一万円の定期預金を全部遊びごとで使ってしまい、そのために海へ飛び込んだが死にきれず、漁師にたすけられたことがある。行くところがなくて、名田の教会にいたツタ伯母の世話で教会に落ち着いてもらったが、お詫びのしるしに髪を切って、家に帰ってからも、いつも手拭《てぬぐ》いを頭にかぶっていたのを覚えている。心定めした別科入学も、のちに嫌って、とうとう実行しなかったような人であるから、教会の内はおさまりがつかず、いつも揺れ動いていた。それでも、真実の人は黙って工事を進めてくれていた。

教会を売る

天浦の教会は皆さんの丹精によって客間も出来上がり、だんだん整っていくが、まだ不自由なところもあった。例えば、やしきのなかに井戸があり、信者さんたちが不便でしょうから水道を引きましょうかと言ってくれるが、私にとっては不自由がありがたいのだから、そんなことに心を遣うのはやめてほしいとお断りしたこともある。私は毎日、昼間はにをいがけ・おたすけに回り、夕づとめが済むとまた出ていって、遅くなってから帰るという状態で、それはありがたかったが、心にかかるのはおつくしの問題であった。このころはどうしてか全くと言ってよいほど、おつくしができなかった。こんな時期もあるのか。毎日勇んでにをいがけ・おたすけにつとめているのに、おつくしができてこない。そのことを考えると、つい物思いにふけるときもあった。

　大教会の月次祭の日となった。天浦の会長はおつとめと、それに続く行事が終わるとすぐに帰るけれども、私は二十三日の月次祭の晩は必ず泊めていただき、御用をして、翌日帰ることに決めていた。それで、その晩も残っていろいろ御用をつとめ、全部終わって、大教会長と奥様とご一緒にお話をしていた。大教会長は直会《なおらい》の後で、酔眼《すいがん》でいらっしゃる。ふと急に、私の前にピタリとお座りになって、

「木下さん、五十万円お供えしてくれんか」

とおっしゃった。私はハッとして、それを聞きながらとっさに思った。このお言葉は、大教会長が無意識に言っておられるのかもしれない。もしそうだとすれば、なおさら聞かしていただかねばならん。神様がそう仰せになっているのかもしれん。会長のお言葉は神様の仰せとして受け取らせていただかねばならんのだ。これだけがとっさの間に私の胸に浮かんだのである。それで、

「ありがとうございます。そうさせていただきます」

とお返事申し上げた。

大教会長はそのままおやすみになった。夜もだいぶ更けているが、私は教会へ電話をかけて、

「実はぜひ相談したいことがあるので、必ず教会にいてほしい。私が帰るまでどこへも出ないように」

と会長に伝えてもらい、朝づとめが済むなり急いで天浦へ戻った。

教会に帰るとすぐ会長に、大教会長から五十万円お供えするようにと、ご命を頂いたことを話した。その当時は一カ月五万円ぐらいしかお供えできなかった。まだ教会の支払いも残っている。そういうときの五十万円であったが、とにかくお供えしてほしいと言うていただいたことをそのまま受けて、させていただきたいと思うと言うと、幸いにも会長は、それでは何とかさせていただこうではないかと言う。二人の心が決まったので、やれ嬉《うれ》しやと、揃《そろ》って今度は大教会へ、お受けとお礼を言うために急いだ。

大教会長にお目にかかって、

「実は、昨晩のお話のことで参りました」

と申し上げると、

「ゆうべのことて何や」

とおっしゃる。ああ、やはりご存じでなかったのであろうかと思って、私がしばらく黙っていると、大教会長は、

「何の話や、何の話や」

と急《せ》き込んでお聞きになる。

「実は昨晩、五十万円お供えしてくれないかと、お言葉を頂きましたので……」

と申し上げると、大教会長は、

「うむ」

と言って、しばらく目をつむっておられたが、

「そうであったな。そんなこと言うつもりはなかったのに、あのとき、急に頭に閃《ひらめ》くものがあって、言葉になって出てしもうた。そうであった、そうであった」

とおっしゃって、

「それはそうと、あんた方はどういう話をしに来たのかな。お供えはしてくれるのかな」

とお聞きになるので、会長から、

「それをお受けさせていただきたいと思いまして、二人で参りましたのでございます」

と申し上げた。

「そうか、そうか。それはよかった。よろしく頼みますで」

ということで、五十万円のお供えは受けさせていただくことに決まった。

お受けはしたが、実は大変なことである。あちらこちらと駆け回った。そのとき、前に一時仮移転していた西宮市川添町の家に、ひと間貸してほしいと言って住んでいた陳さんという人がいた。新婚間もなかったが、まだ住む家が決まっていなかったのであった。信者にはなっていなかったが、何かあれば非常に力になってくれる人であったので、その陳さんにも話をした。そうすると、十万円だけなら自分が何とかしてあげようと言う。おつくしという意味ではない。あなたがそんなに苦労しているのなら、友達として十万円、何とかしましょうと言うのである。信者でもないのにと思うと、本当にありがたかった。ほかで五万円できて、都合十五万円、まだまだ足りない。

　一生懸命走り回って四、五日経《た》つころ、その陳さんに、

「だいぶできましたか」

と聞かれた。私は、

「まだ、あの十万円と五万円だけしかないんです」

と答えると、陳さんは、

「それなら、自分の主人の知り合いでお金を持っている人があるので、頼んでみてあげましょうか」

と言う。願ってもないことと、早速三十万円借りてもらうように頼んだ。

　陳さんはすぐに三十万円を借りてきてくれたが、

「このお金は必ず返してくださいよ。そうでないと大変なことになるから」

と念を押された。当時の三十万円というのはとても大金で、私は、

「必ず返します。間違いはありません」

と引き受けてお借りした。

これで四十五万円になったが、あとの五万円がなかなかできずに困っているところへ、Mという先生が見えられた。

「実はお金のことで大変困っております」

と言われるので、とうとうそのなかから五万円差し上げて、また四十万円になってしまった。とにかく月次祭までに運ばせてもらわねばというので、その四十万円を、上級を経て大教会へお納めした。いまから思えば夢のような話であるが、当時は四十万、五十万のお金をつくるのに、こんなに苦労した。陳さんはその後入信され、修養科も了《お》えて、天浦の役員として、会長の片腕となってつとめてくれた。ホンコンでは陳さんの姉が、布教所長として丹精してくださっている。お借りした三十万円のお金は、とうとう返すことができなかった。

昭和二十八年十月、兵神大教会の秋のご大祭に参拝させていただいた。当時の大教会は板宿《いたやど》にあり、須磨の教会を買収されたものの、その支払いもまだ済んでいなかった。教祖七十年祭のお打ち出しがあって、その御用もあり、とても苦しい時代であった。例によって夜遅くまで御用をさせていただいた。やっと御用が終わってやすませていただこうかと思っていると、大教会長がこれから出ていかれるので、お供《とも》をせよとのことである。ハイと答えて何の気なく車に乗せていただいた。

車は深更の神戸の街を走っている。大教会長が何もおっしゃらないので、車はどこへ行くというあてもなく、市中をあちらこちら走り回っている。時間はもう午前二時に近かった。突然、大教会長は、

「木下さん、これからあんたの教会へ行く」

と言われる。私は「ハイ」と答えたが、こんな深夜に来ていただいても、皆やすんでいるし、客間もできて少しは広くなったものの、えらいことやと思った。しかし、大教会長の仰せであるし、教会へ連絡する方法もないし、とうとうそのまま教会までお供をしてしまった。

教会へ着いて、転げるように飛んで降りて、戸を開けて入るなり、

「大教会長様のお入り込みですよ」

と叫んで回った。

皆がその声に飛び起きて、ハッピをつけて神殿に集まった。礼拝をさせていただき、すぐに用意をして、大教会長に客間へお通りいただいた。そうすると、すぐに客間のなかをご覧になりながら、

「一体こんなもの、いつ建てたんや」

とおっしゃった。

「申し訳ございませんでした。実は私も、建てる気もなかったのですが、また本当に建つか建たんかも分からなかったので、お許しも頂かずに、理の立たんことをしてしまって……。そのうちに無事建ちましたのですが、何か気持ちがはっきりせず、そのままになっております。本当に申し訳ないと思っております」

と、お詫《わ》び申し上げた。

大教会長は、しばらく黙っておられたが、やがて、

「これは売ってしまえ。売って大教会へ伏せ込め」

とおっしゃった。

大教会長の前で、天浦の会長も、私も、住み込みの人たちも、一同ひれ伏

していたが、突然のお言葉に、私はびっくりして顔を上げた。会長も思わず顔を上げている。会長の目と私の目がその瞬間に見合って、無言のうちにうなずき合った。会長から、

「お受けさせていただきます。ありがとうございました」

と申し上げた。

次に大教会長から出たお言葉は、

「教会を売って、その後は上級に三カ月間お世話になるよう。三カ月以上経って復興できんときは、お社を背負って布教に歩け」

であった。

十二月二十三日の大教会の月次祭までに、おつくしを運ぶようにとのお言葉を頂き、私たちも、住み込み人一同も、ともどもに心よりありがたくお受けさせていただいた、私は再び自動車で大教会まで送らせていただいた。もう夜はしらじらと明けそめて、神戸の街は動きだそうとしている。身がしまるように寒い。そのなかで私の心はあかあかと燃えたっていた。

こうして教会は売ることとなったが、上級の名田は反対、琴緒もまた反対

である。

「そんなことをなぜしなければならないのか。せっかくここまでできて、ようやく落ち着いたばかりなのに」

と止められたけれども、大教会長にお受けさせていただき、私たちもそれを心から喜んでいるのだから、思い通りにさせていただきたいとお願いしたところ、

「そこまで思っているのなら……」

と、やっと分かっていただいた。

さて、それからあちらこちらと売り先を当たるが、何しろ百五十坪の土地に、二十坪の神殿と二十坪の客間が建ち、それと六坪の住み込み住宅、この三棟の建っているところを何に使ったらよいのか。教会であればよいが、普通の住宅にはちょっと向かないので、なかなか買い手が見つからなかった。

十二月二十三日と定めた期限は、だんだんと迫ってくる。教会の復興も急ぐが、とにかくこれを売ってお供えすることが先決問題である。どうしたものかと困っていたら、客間をこつこつと建ててくれた住み込みの人の弟が不

動産の売買を仕事としていて、事情を聞き、見るに見かねて、

「自分が何とか売ってみましょうか」

と申し出てくれた。

全く渡りに船で嬉しかった。早速相談をすることにした。売り値については、ここは初め七十四万円で買ったのであるけれども、客間もその後建ててあるし、この二、三年、土地の値が鰻《うなぎ》上りである。できたら百四十万円ぐらいで売ってほしいと言うと、それは妥当なところでしょうということであった。

しばらくすると返事が来た。垂水に三百坪の土地がある。それは坪三百円で九万円になる。その当時、畳が一枚千円ぐらいだった。その土地を引き取ってくれるなら、ここを百四十万円で買ってもよいと言っている、とのことである。

垂水の土地というのは、どんなところか知らない。そんな土地は要らないけれども、それを引き取らなければこの大内通の土地は買ってくれないという。いわゆる「抱き合わせ」である。日は迫っているし、とりあえずその垂

水の土地を見ておこうというので、会長や役員ら四、五人で行ったが、本当に不便なところで、近くには兎《うさぎ》や蛇が走り回っているとのこと。家一軒なく、前は深い谷で後ろは山、こんなところどうなるかと思うような土地であったが、どうせ捨てる気で、九万円まけたつもりでこれを引き受けることにした。こうして教会の売買は成立し、百三十一万円をもらうこととなった。それは大教会のおつとめを三日後に控えた十二月二十日であった。

期限内におつくしさせていただくことができて、会長も私もやれやれといった思いで本部へ参拝させていただいた。しかし、この大内通の教会は、まだ完全には払いが済んでおらず、もう三万円払ったら天浦分教会のものになるのであるが、それもできず、お供えのなかから三万円頂いて支払いを済ませた。名義も天浦のものとはなっていなかったので、前の持ち主である牛尾リマさんの名義のまま買ってもらった。それで天浦分教会の名義にはとうとうならなかった。こうして私たちは上級の琴緒分教会に置いていただくこととなった。

私たちは生まれて初めて、わが家というものがなくなった。けれども、別に悲しいとは思わなかった。ただ、琴緒分教会の神床に並んでお祀《まつ》りさせていただいているお目標様を見ると、申し訳ないと思って、毎日一生懸命に布教した。真剣な日々であった。あるいは、こうしたことを大教会長も考えておられたのか。実は、私はあまり心配していなかったが、会長はやっきになって家を探していた。私も布教しながら家を探すが、全く無一文で、誰《だれ》一人相手になってくれる人もない。晩になって皆が帰ってくると、顔を見合わせて、困った、困った、困ったと言うばかりであった。

そのうちに、大内通の教会を売ったときの不動産屋の人が来て、言いにくそうに、大内通《の》の土地にある、明治時代に建てたような古い六畳二間の住み込み住宅を退けてもらわねば、買い主が日障《ざわ》りで仕方がないと言っているので、何とかしていただけないかと言う。そう言われれば致し方ないので、早速住み込みの人や部内の人たち四、五人で壊しにかかった。壊すのはすぐであったが、それを置く場所がない。困ったなと言っているときに、あの垂水の土地ならば誰に遠慮も要らないし、古家の材木はしっかりしていて燃やすのももったいないから、向こうへ持っていこうということになった。

運んでいるうちに、ここにこの材木で家を建てたら、一応住めるじゃないかという話が出た。それは良い考えだというので、早速、垂水の土地の南西の隅を少し整地して、二十坪ほどの平地を作った。そして、そこへ六畳二間の神殿を建てさせてもらおうと、素人ばかりが寄ってたかって、とにかく建て上げた。もちろん電気はないし、水道もない。まるで山小屋のようなところであるが、そこへお目標様をお遷《うつ》ししたのが、翌昭和二十九年の二月十日であった。

考えてみれば、琴緒へご厄介になってからちょうど二カ月で垂水へ移らせていただいたわけで、大教会長が三カ月以内、それ以上上級のお世話になってはいかんと言われていたが、ありがたいことに一カ月早く、とにかく復興することができた。移った翌日が天浦の月次祭の日だったので、その日を記念して形ばかりの移転鎮座奉告祭もつとめさせていただいた。

二月十一日は建国記念の日、昔の紀元節である。私たちは子供の時分から、この日はよく雪の降ったことを覚えているが、その日も吹雪であった。雲は低く垂れて、山のなかの一軒屋である教会のなかまで吹き込んでくる。形ばかりの障子はあるけれども、ガラスがあったりなかったりで、座っていても雪が肩や膝《ひざ》に吹雪《ふぶ》いてくる。外にいる者も雪のなかで真っ青な顔をして、寒さにふるえながら、それでも皆、勇んで奉告祭をつとめさせていただいた。数えてみれば全員で十七名、それだけで天浦の新しい第一歩を踏み出すこととなったのである。

大内通にいたころは月次祭に、少なくても五十人ぐらい、多いときには百人ぐらい来てくれたが、その教会を売って垂水へ来たことについて、天浦についておればどうなるか分からんという気持ちが、誰も口に出して言わないけれどもあったのかもしれない。私は、それでいいのだと思っていた。親の思いに沿うてさせていただいたことである。大教会長が深い思召で言うてくださったのだからこれでいいんだ。誰一人来てくれなくてもよい。教会名称としての御用が満足に果たせなくても、いまは仕方がない。このなかから自分がしっかり通らせてもらうよりほかはない。そうしたら必ず神様がご守護くださるに違いない。成ってくる理を喜んで通れという親心であると思って、日々何の心配もなく勇んでいた。

垂水での生活が始まった。水は遠いところへもらいに行かなくてはならない。外でご飯を炊いているので、雨が降ったら傘をさして炊く。薪《たきぎ》が濡れて消えるので、そのご飯も、うっかりすれば出来損なうという始末。そんな不自由な暮らしであるが、わずかばかりの住み込みの人が苦労もいとわず、不足な顔もせず、勇んでやってくれるのがありがたかった。

その住み込みの人が教祖七十年祭の御用でおぢばへひのきしんに行き、いよいよ帰る最後の日になって、組み立てていた木が倒れ、その下敷きになって腰の骨を打ち入院することとなった。小水が出ないというので大騒ぎになり、やっとご守護を頂いたものの、そのために残る一人の住み込みの人も、よろづ相談所病院へ介抱に行き、山のなかの教会は全く私一人になってしまった。子供は三人あるが、上の二人はおぢばの学校へ行っているし、下の子の博之はそのとき、高校を卒業して、受けるのやないと言っていた慶応大学を受験し、失敗してウロウロしているときであった。

教会は文字通り火の消えたようなありさまである。一人の私は元気を出して、夕づとめをするときは細いろうそくを立て、その灯《ひ》を頼りにおつとめをした。終わるとすぐ、ろうそくを消して、暗闇《くらやみ》のなかに一人いても仕方がないので、また出かけていって御用をさせていただく。それが当時の生活であった。母は教会を売ったことに腹を立てて、もう一生教会へは帰ってこないと言って、どこかへ行ってしまったし、会長もあまりに教会がひどいので帰ってこない。いままで留守がちであった私が教会に落ち着くこととなった。

　そんななかで、大教会長はご心配くださって、よくオートバイを飛ばして、天浦の様子を見に来てくだされた。

「木下さん、大丈夫か」

「会長さん、大丈夫ですよ」

「元気でやっとるか」

「元気でやってますよ」

「そうか、苦労かけるなあ」

「いいえ、ありがたいと思っています」

と言って、私は本当に勇んだ顔を大教会長に見ていただいた。尋ねてきてくださった大教会長が安心したお顔で、またオートバイで急な山道を飛ぶようにして帰っていかれるのを、私はいつも見えなくなるまでお見送りした。理の親が子のことをご心配くださるお心に、私は泣いた。涙がとめどなく流れて、荒い山土にしみた。しっかりやらせてもらわねばならぬ。安心していただかねばならぬ。喜んでもらわねばならぬ。山のなかで一人いても、親が見守っていてくださる。そう思うといつしか涙も消えて、また心が勇んでくるのであった。

大教会でも、大教会長はよく言葉をかけてくださった。

「木下さん、いつまでも苦労さすなあ。あんたぐらい苦労する人ないなあ」

「会長さん、そんなことないです。私は長いこと、長いこと、苦労を楽しんで通ろうと思うています」

と、口では言っているものの、そのとき、そんな表情はおそらくしていなかったのではないか。自分は勇んでいるつもりでも、無意識に、やはり暗く沈んだところがあったのかもしれない。大教会長にはそれが映って、心配して忙しいなかをよく見に来てくださったものと思う。大教会長はこうして優しい言葉をかけてくださるが、ご命のときは強く、厳しかった。

ある日、博之がひょっこり帰ってきて、私に言った。

「お母さん、ぼく、お母さんに黙ってやけど、就職しようと思って大阪へ行ったんや」

「まあ、あんた何ということを言うてくれるの。そんな就職なんて、とんでもないことや」

「それに、なんや身体《からだ》の調子が悪うてしようがないので、信者さんのところへ行ってお金を借りて、県立病院へ行って診《み》てもろうたんや。そしたら、とても悪い病気らしいので、一度お父さんかお母さんに来てもらえということや」

私はそのとき、これはえらいことになったと思った。どうしよう、ともかくどんな状態なのか聞かなくてはと、早速病院へ駆けつけた。病院では、

「腎臓結核で状態が悪い。これは放っておいたら必ず命がなくなるし、いますぐに手術をしなければ駄目という状態だから、すぐ手術をしましょう」

と言う。大変である。

「先生、実は主人がおりますので、私の一存ではまいりかねます」

と言ったら、医師に、

「そんなことを言っているときと違う」

と叱られた。さらに、

「お金を持ってきておりませんから」

と言うと、

「お金の問題と違う。すぐにレントゲンを撮って精密検査をし、手術する」

と言ってきかない。私は入院も、手術も考えられなかった。しかし、その日はレントゲンだけでも撮らなければ帰れないので、レントゲン撮影をして帰ってきた。

　帰って会長と相談したが、会長は、

「どうしたもんやろうなあ」

と言うばかりである。博之は、本当の気持ちは入院して手術したかったのであろう。しかし、あまりに私が一生懸命なものだから、子供のほうから、

「それやったらお母さん、ぼく、神様にすがってたすけてもらうから。どう

したらよいのやろうか」

と言って出た。

「博之さん、すまんけどな、あんた毎日、琴緒さんへお参りしてくれるか」

「そら、お母さんの言う通りにします」

と言って、それから博之は琴緒へ日参を始めた。

　日参はするが、だんだん身体が悪くなってゆく。悪くなるというのは、教会へお参りしてくる、その所要時間が長くなってくるのでよく分かるのである。道草をするような子ではない。きちんと行っておつとめしたら、そのまま帰ってくる。はんこで押したような性質の子であるから、長くかかるというのは、身体が悪くなっているのだろうと思われた。

「博之さん、身体どう、えらいのか」

「うん、お母さんに言うけど、痛んで歩かれんようになって、途中で長いことしゃがんでおってん」

「そうか、すまんなあ」

　私の届かぬところから、子供にまでこんな苦しみをさせる。すまん、すまんと思う。私にとってこんな悲しい、つらいことはない。しかし、嘆いてばかりはいられない。自分で自分に鞭《むち》打って、無我夢中でおたすけに取り組んだ。おつくしするといっても、何もない。けれども、おつくしせずにはいられない。ボロボロのブラウスやスカートでも、金目になってもならなくても、持っていかずにはいられないのであった。着替え一枚なく、スカート一つ、ハッピ一枚、そこまでつくしきった。

けれども、子供の身上は一向に快《よ》くなってこない。目が覚めてから夜の遅くまで、真っ暗のなかをあちらこちらにをいがけに歩くけれども、にをいはかからず、何一つご守護もない。たまに信者さんのところへ行くと、

「先生、悪いけど、えらい汗の匂《にお》いしますねえ」

と言われる。

「そらそうや。着替えなんて、なんにもあらへんものね」

つい、そう言うと、

「先生、それではあんまり哀れやから」

と言って、下着の代わりなど出してもらったことを覚えている。本当にそん

な道中を通ったけれども、子供の身上は変わらない。苦しみながらも日参を続けているのが見ておれないので、断食してみたり、飲まず食わずでおぢばへ歩いたり、自分で考えてできるだけのことはしてみたけれども、少しもしるしは出てこない。

もう仕方がないので、会長と相談のうえ、七月になって、苦しんでいる博之を無理矢理に修養科へ入れることにした。無理を承知で博之は八、九、十月と修養科へ行ってくれた。けれども、

「おしっこが出るときの痛さというたら、頭を柱へぶつけようかと思うぐらい、そら痛《いと》うて痛うて……」

と言う子に、

「博之さん、すまんなあ。お母さんがはっきりした信仰もできんのに、あんたに無理なこと言うてすまんなあ」

と謝ると、子供は元気に、

「もうええよ。快くなるよ。お母さん、ぼくのこと心配せんでもええんやで」

と言ってくれる。私には子供の身上も、気持ちもよく分かっていて、どう慰めてよいのか、ただただお詫びとお願いをするばかりであった。修養科も終わりに近づくと、とうとう詰所で寝込んでしまった。上級の会長たちは連れて帰れと言われるが、おぢばでたすからんものなら、どこへ行ってもたすかるものではない。何とかおぢばでたすけていただきたいという一心であった。

　大教会長も心配されて、

「木下さん、どうする」

と聞かれる。私はきっぱりと、

「会長さん、私は博之を連れて帰る気持ちはありません」

とお答えすると、

「そうか……そら、そうやろな」

と言われる。大教会長は私の気持ちをよくご存じであった。

　博之の修養科での担任は、郡山大教会長の平野知一先生で、お若く、お元気であった。一度ご相談に上がったことがある。平野先生は、

「木下さん（私を知っておられた。芦津の奥様が郡山から来ておられる関係

で、懇意にしていただいていた）、ぼくは連れて帰ることに反対や。とにかくどちらにしても、おぢばに置いとくことがええやないか」
と言ってくださった。それで心も決まった。修養科へも行けなくなった子供を、おぢばに置いてもらった。

　苦しい日が一日、一日と過ぎて、博之が八、九、十月とやらせてもらう修養科も、あと四、五日で修了というときであった。兵神の役員の松岡先生が、

「木下さん、実はクラス会をするので、あんた、すまんが手伝ってくれないか。そのクラス会に真柱様がお入り込みになるので、あんたは慣れてるから、どうしても来てほしいのや」

と言われるので、私も喜んでお手伝いさせていただくことにした。十月二十四日であった。たしか場所は旧宅であったと思う。松岡先生といたら、そこへ二代真柱様がスッと来られて、

「おお、松岡、死に損ない。ようたすかってくれたな」

とおっしゃった。それは松岡先生が、宇野―高松連絡船で事故を起こした紫《し》雲丸《うんまる》に乗っていて、ほとんど命のないところを、船から船へ飛び移って奇跡

的にたすかった直後であったから、真柱様も松岡先生のたすかったことを喜ばれて、

「死に損ない」

とおっしゃったのであろう。しかし、

「ようたすかってくれたな」

のお言葉は、私の身体を電気のように走った。ショックであったが、ありがたいショックであった。

　ああ、このお声。

「たすかる」。いま、博之は死にかかっているが、きっとたすかる。死に損なうだろう。真柱様のお声は神様のお声なのだから……。

　私は長年信仰してきたけれども、おぢばで聞かせていただく真柱様のお声、教務支庁で、また時に大教会で聞かせていただく真柱様のお声を神のお声として守りぬかせていただいてきた。天浦分教会が、前は月次祭を午後二時からさせていただいておったのを、午前十時からに変えたのも、あるとき、兵神大教会から、

「真柱様がお昼からお入り込みになるので、木下さん、どうでも来なさいよ」

と言うていただいたことがきっかけだった。その日はたまたま天浦の月次祭に当たっていた。いくら何でも月次祭を放っておくわけにはいかない。といって、真柱様の御用もつとめなければならぬ。これはどうしたらよかろうかと考えて、そのときハッと気がついた。そうや、月次祭を朝のうちにさせていただこう。会長も賛成してくれたので、朝の十時から式をして、午前中に終わった。そのまますぐ大教会へ行って、昼の御用に間にあった。そのときに信者さんたちも、

「先生、朝から始まる式もよろしいな」

と言うてくれて、それからずっと天浦では朝の十時に式をさせてもらっているのである。


　真柱様のお言葉は、胸に火となって燃え上がった。松岡先生へのお言葉とは私には思えなかった。もっと勇め、もっと勇めと、私を励ましてくださる。嬉し涙にむせびながら、その日のひのきしんをつとめて終電車で神戸へ帰った。博之のことは神様にお任せして、私はしっかりつとめさせてもらう。電

車のなかで、何べんも何べんも繰り返して心に誓った。

一日おいて、十月二十六日は秋のご大祭である。おぢばへ参拝させていただいて、おつとめが済んでひのきしん。そのひのきしんが終わったら博之のところへ行こう。修了式は明日に迫っているが、さて修了はさせてもらえるのであろうか。今日行って全て決めてしまおうと思いながらおぢばへ向かった。おつとめも終わって、ひのきしんに移り、私は第二食堂の時計の下で待っていた。お弁当がここへ来ることになっていた。

ひのきしんの人が集まってきた。車を引いてどんどんやって来る。ヒョイと見ると、その先頭に博之が、曳《ひ》き綱を持って走ってくるではないか。一瞬、私は自分の眼を疑った。まさか、あの重い身上で寝ているはずの博之が来るはずはない。しかし夢でもない、幻でもない、眼の前に博之が立っている。笑みさえ浮かべて……。

「博之」

と私は思わず、自分でも驚くような大声をあげて走り寄った。博之も曳き綱を放して、

「お母さん」

と飛んでくる。ぶつかりそうになるのを抱きとめて、もう私はオロオロ声で、

「博之、あんたどうしたん」

と尋ねると、博之も涙声で、

「お母さん、ぼく、ご守護もろうたんや、もろうたんや」

とボロボロ涙をこぼしながら、力を込めて私の手を握りしめた。私はもう涙で博之の顔も見えない。

「よかったな、よかったな」

と、声にならない声で、皆さんの前も何も忘れて、親子二人が抱き合って泣いた。

　間もなく始まったひのきしんの途中で、ようやく落ち着いて、

「博之さん、いつ、たすけていただいたの。いつ、快うなったの」

と聞くと、

「お母さん、ちょうど二十四日の夕方やった。痛い痛いと言うて寝ておったら、上で修練が始まった。みかぐらうた聞いとったら、ああ、ええなあ、ぼ

くも一緒におかぐらあげたいなあ、何とかしておかぐらあげられんもんやろかと思って、階段を一歩一歩這《は》いながら、二階の修練場へ行ったんや。苦しかったけど、皆さんがおかぐらあげているなかへ、よろけもって入っていって、一緒におかぐらあげさせていただいたら、あげている最中に、しみじみ思ったんや。『ぼくは本当に親不孝やった。お父さんやお母さんにすまんことをした。苦労かけてすまなんだ、すまなんだ』と心からお詫びがついたら、何やら全身がパッと温《ぬく》もってきて、何とも言えんように身体の調子が変わって、とうとう最後までおかぐらを、ついてやらしてもろうたんや。それから便所へ行ったら、初めておしっこがスーッと出て、痛みも何もないんや。ぼくは嬉しゅうて嬉しゅうて、便所のなかで『お母さん、ぼくはご守護もろたで』と大声で叫んだんや」

博之の話に、私は嬉しいやら、あきれるやら、胸がいっぱいになってきた。

「まあ、博之さん、そんなんやったら、どうして知らせてくれなかったの」

「いや、あんまり嬉しゅうて嬉しゅうて、知らすの忘れとったんや」

何ともったいないことと思いつつも、この六カ月の間、明けても暮れても思いつめてきた子供の身上が、一瞬にしてご守護いただけた、この神様のありがたさ。身上かしもの・かりものとお教えいただいてはいても、あらためて神様のお力の偉大さを目のあたりにお見せいただいて、博之と二人、かんろだいの前にひれ伏してお礼を申し上げ、また手を取り合って喜んだ。修了式にも無事出席させていただくことができたのであった。

解決は誰がする

腎臓結核であれだけ苦しんでいた子供が、本当に一夜の間に鮮やかなご守護を頂いた。その博之を教会へ連れて帰って、私はあらためてキッパリと話をした。

「博之さん、あんたの身体《からだ》は神様にお供えしてあるのやからな。どんなことがあっても道一条で通らしてもらうのやで、分かっているやろうな」

「お母さん、それは分かっています。ぼくもそのつもりです。もしも今度ご守護を頂いたら、神様の御用をして、道一条で通らしてもらうつもりでいました。どんなことがあっても、ぼくは必ず道一条で通らしてもらいます」

博之もきっぱりと言いきってくれた。私はほっと安心したが、

「夢にもほかのことしたらあかんのやで」

と念を押しておいた。ところがそれから一週間ほど経《た》って、突然博之は大学へ行きたいと言いだした。身体が快《よ》くなったので、再び勉強したいという思いが出てきたのであろう。

「博之さん、それはいかんで」

「でもなあ、お母さん、受けるだけでもよいから受けさして。ぼくはどうしても試験だけでも受けたいねん。もし落ちたらそれで諦《あきら》めつくしな。その代わりにお金は受験料五千円と、参考書七百円の一冊だけ買《こ》うてもろうたら、それ以外一銭も金くれ言わへんから、何とか受験だけさせて」

「でも、あんたは長い間勉強もしてないし、そんなんで試験受かるわけないやろ。それにあんた、慶応なんて分不相応やで」

「いや、慶応受けようて思うてへん。今度は早稲田へ行きたいねん」

「どこにしたって、無理やないの」

　私は子供に負けてはならんと思った。しかし、長い間病気と闘って、あのとき手術していたら死んでいたか治っていたかは知らんけれど、こんなに長い間苦しませることもなかったであろうに。自分の信仰もないのに、何もかも届いていないのに、この子を何でも神一条でたすけようと思って、長い間苦しませた。私はその間、子供に対するお詫《わ》びと、自分の心の至らなさの反省と、おつとめの大事さとを思って明け暮れたが、その間子供はどんなに苦しかっただろう。それがようやくご守護いただけて、こんなにまで言うのはなあ。そう思うと、私はとうとう、子供に対する親としての情に負けてしまった。私は無いなかから参考書を買うお金を渡した。

それから来る日も来る日も、寒い風の吹き荒れるあばら屋で、博之は頭から布団《ふとん》をかぶって勉強していた。ちょうどそのころ、信者のある人が、真柱様のお世話でアメリカへ美容研究に行くことになり、その理立てとしてピアノを売ってお供えをしてくれた。そのお金で、やっと電気だけ引いてもらったので、火もないところで、ガリガリに痩《や》せた身体で、勉強にとりくんでいた。

寒い最中の四カ月、火もないところで勉強して、やがて試験の日が来た。東京へ行くというので、身体のことも心配であるし、私がついて行くことにした。そうしておそらく通るまいと思っていた早稲田に、本人の執念というか、幸か不幸か、試験に合格したのである。早速にも入学金の三万円が要《い》る。試験に通るとは夢にも考えていなかったので、何の用意もない。せっかく通って可哀想《かわいそう》だけれども、思いきって博之に言った。

「博之さん、悪いけどな、お金ができへんかも分からんよ」

博之は何も言わずに、何とも言えん悲しい顔をしている。一軒か二軒、聞いてみてあげるからと言って、神戸へ電報で、

「ヒロユキ、シケンウカッタ、ニュウガクキンタノム」

と打ったら、本当にすぐ、ある信者さんが三万円送ってきてくれた。そのときは母子抱き合って喜んだ。試験の合格よりも、このときのほうが嬉《うれ》しかった。

「もったいないことや。でも、良かったなあ。博之さん、これで三万円できたけど、あとあんたどうするつもりや」

「ぼく、一生懸命布教するし、アルバイトもする。どうか頼むから学校やって。お母さんに迷惑かけへん」

子供の必死の願い。この子は英語が得意で、高校時代もずっとトップを通してきた。どうしても勉強したいのであろう。親の甘えから、とうとう早稲田入学を許し、月謝だけは作って払ってやった。

このとき、博之の入学したのは、早稲田の夜間部であった。無いなかから下宿代、交通費、食費など、皆しなければならないので、昼の学校へ通っていたのでは、働いてお金を作ることができない。だから夜間部へ行き、そこで二年間勉強して、三年のときに昼間部へ転入させてもらう計画であった。この試験も非常に難しく、わずか二人しか合格しなかったが、その一人として早稲田の昼間部へ入れたのである。

博之は必死になって働いていた。あるとき、コンベアでビールの箱を運ぶ仕事をしていた。その一箱一箱が重いのを、病気あがりの身でコンベアと闘いながら降ろしていた。コンベアから地上へ降ろすのはよいけれども、だんだん上へ積み重ねていく。もう倒れそうになる身体を、歯をくいしばって辛抱しながら積み上げる。そんなひどいアルバイトをしながら、自分で全部の費用を作って勉強していた。

帝国ホテルでアルバイトしていたことがあった。支配人の方が、

「お母さんが上京されることがあったら、ぜひ一度来てほしい」

と言っておられるというので、あるとき上級の奥様と一緒に帝国ホテルの支配人に会いに行った。そのとき、支配人が、

「お母さん、この息子さんをどんなふうにして教育したのですか」

と聞かれる。私は、

「どんなふうにと言われても、私どもは天理教ですから、不自由と難儀のなかで、苦労させながら大きくしたのです」

と答えると、

「そうですか。実は私のほうにも息子さんと同じ歳《とし》の子供がいるのですが、全然違います。本当にすばらしい。私は頭が下がります。天理教って大した教えですね。いやあ、立派に育てましたね」

と褒《ほ》められた。これも博之がよくやってくれたおかげである。博之も、

「ぼく、いつも天理さん、天理さんと言ってひやかされ通しや。ぼくは天理さんに違いないけどね……。ぼく、有名になっているのやで」

と笑っていた。どちらかと言えば、気位の高いこの子が、よほど心低く通っているのであろう。大勢の人に愛され、また尊敬されて通っている姿に、私は苦労して育ててよかったと思った。博之の学友とか、アルバイトの友人とかににをいがかかって、教会長となった人を三人も頂いたのは、のちのことである。

　教祖七十年祭が迫っていた。教会名称の理を頂いて初めてのご年祭であると言ってよい。六十年祭は終戦の直後で、高羽の教会も戦災で焼けてしまい、中吉川の美東分教会へ疎開させてもらって、終戦後も行き先がなくて西宮でまだぐずぐずしているときであった。とても年祭の御用をつとめるまでには至っていなかった。もったいないことであったが、涙をのんでお詫びするよりほかなかった。

　ところが今度もまた、教会は谷底にいる。大内通の教会を売ってお供えしたのも、七十年祭の御用の一つであるが、その後が続かない。どんな苦労も厭《いと》うことはないが、おつくしのできぬのはつらい。そんなときに大変なことが持ちあがった――。

　私の若いころの知人で、いろいろとにをいがけさせていただき、足も運んできたが、ちょっと信仰しそうになっても、なかなか道に進まなかった人がいた。その人が、とうとうやむなくという形で修養科に入ってくれた。そのT子さんという人に私が、おつくしができないのでとてもつらいという話をすると、

「先生、私の知人でお金を貸してくれる人がありますから、垂水の土地の権利書があれば借りられます」

と言う。

　会長に相談すると、あまり信頼のできない人だから、やめようという話も出た。しかし、もしこの渡した権利書が悪く利用されたとしても、それはこちらの問題であって、そのときにはわれわれが不徳を悟らせていただいたら、それも成人の道につながることだと思う。ほかに使うお金と違って、おつくしさせていただくお金だから大丈夫だろう。思いきって権利書を渡してお願いしてみたら、ということになり、T子さんに権利書で五万円借りてもらう

ことにした。

T子さんの話では、すぐにもということであったが、何日経《た》ってもお金は入ってこない。とうとう会長と二人で、一体どうなったのかと尋ねに行くと、T子さんの言うには、実はもうだいぶ以前にお金はもらっている。そのまま教会へお届けすればよかったのに、銀行へ入れたところ、そのときに手形が回ってきて、お金はそのほうへ回ってしまい、合わす顔もないのでお伺いしなかったと言う。私はびっくりして、ドキドキする胸を押さえながら、その金額は、と聞くと、二十万円と言う。

あの権利書で二十万円も貸してくれたのか。私たちは仕方なく九万円で買った土地なのに、それが二十万円も貸してくれるようになってありがたいが、いまの場合、それが裏目に出て、二十万円払わねばならなくなった。とてもおつくしどころではない。あまり策を弄《ろう》したのが悪かったのか。私たちにこのT子さんと同じようないいんねんがあるからこうなったのか。つらいなかにさらにつらいことが重なって、一体どこまでこうした道を通らせていただかねばならぬのかと、迷いの霧のなかに見当もつかなかった。

おつくしをしたいばかりに、それも五万円のおつくしのために渡した権利書で、二十万円借りてある。そのお金は全く私たちの手には入ってこない。そればかりでなく、その二十万円を支払わなければ、いつここを出よと言われるかもしれない。大変なことになった。

ここまで来て、私は自分の心に空虚なもの、ポッカリと穴のあいたようなものを感じていた。何かが足りない、何かが抜けている、その何かとは何か。私は道一条に出て以来、すべてのことを行動で表し、行動で証明づけようとしてきた。日参でも、にをいがけでも、おつくしでも、おたすけでも、自分の身に余るほどの課題を課して、それを行動によって解決し、果たそうとしてきた。それで道の御用をつとめてきたと信じている。それで私の道が伸びてきたと思っている。しかし、それが理の積み重ねであり、いささかなりとも徳の伏せ込みであるならば、いまここに来て神様のお鎮まりくださり、私たちが生活しているこの場を、根こそぎとられるようなことがなぜ起こってきたのか。

私の行動は単なる機械的な動きなのか。私を行動させている原動力は何なのか。もっと突き詰めていけば、私の信仰とは一体何なのか。信仰とは何なのか。私にはちっとも分かっていない。現実に目の前にある事情の解決を図ることもしばし忘れて、私は自分の原点に立ち返ることばかりを考えていた。

そんなときに、教会の隣接地に三千坪の山林があり、ある人が、その山林を買いたいのだがと言って訪ねてきた。その土地の持ち主は山口県の光市というところにいて、それを買う話をしにたびたび行ったけれどもまとまらない。私に光市まで行って、話をまとめてきてもらえないだろうかとのことである。私は驚いて、

「そんなことは私にはできません。おたすけならば、どんなところでも参りますが、こういうことはせっかくですが、一切お断りしていますので」

と断った。教会の土地の問題で、私はいま経済的にも、信仰的にも行き詰まっている。そんなときに、同じ土地のことに頭を突っ込むのはもってのほか、という気持ちもあった。

それなのに、その後もたびたび来ては、お願いしますと言う。とうとう根

負けしてしまった。というより、例によって私の行動癖とでもいうか、いまは押さえようとしている持ち前性分がまた出てしまった。一つには、これもまたにをいがけであるという弁解じみた考えも出て、とにかく行くだけ行ってあげて、駄目なら駄目でそれが断りということになるからと、変なところへ理屈をつけて光市へ行った。

尋ね尋ねて、その土地の持ち主という人の家へ行き、面会を求めた。ようやく先方の人に会うと、全く意外にも、その家の奥様は昔、私がハリウッド美容室をしていたころのお客様であった。私のほうは記憶していなかったが、まあ、ハリウッドの先生、と懐かしがられて、

「あの垂水の土地は、実は私名義のもので、いま売っても、お金の入り用もないので売る気はありませんでした。しかし、せっかく遠いところをハリウッドの先生に来ていただいたのですから、一坪千五百円でよかったらお売りいたしましょう」

と言ってくださった。それで、私にも思いもよらぬ結果で話がまとまって、神戸へ帰った。そのとき、その奥様はなにがしかのお礼を下さったが、頼み

に来られた建設会社の方からは、お礼をという話はあったが、結局何も頂かなかった。それはそれでよかった。話はまだ続くのである。

そのうちに、山林にブルドーザーが入って整地が始まった。私たち教会の者は、何とかブルドーザーの人々ににをいいがけをしようと思って、よく時間を見てはお茶やおやつを出して、自分の土地を開墾《かいこん》してもらっているような気持ちでもてなした。ブルドーザーの運転をしていたKさんという人は、とても気のよい人で、特に親しくしていたが、信仰のほうはなかなかつながらなかった。家族同様にしていたそのKさんが、教会の敷地もこのままではいつまで経っても使いものにならんから、ブルで整地をしてあげましょうと言ってくれた。とても嬉しい話ではあるけれども、教会の土地が三〇〇坪、隣の土地が三〇〇坪、その両方を一緒にしなければならず、教会の土地だけを整地することのできないのは、素人の私たちにもよく分かった。さりとて、隣接地を買うだけの力がいまはない。Kさんは知らないが、教会の土地すら手放さなければならないかもしれない瀬戸際に立っていた。

そうするとKさんは、隣の土地を二十万円で買いとれるように話をしてあげよう、そして私がブルで整地をしてあげるから、そうしたら七十万円ぐらいには売れますよ、そうしなさい、教会の土地もそれで使えるようになるしと、いろいろ勧めてくださるのである。本当にいい話であったが、いまの私はそんな気になれなかった。

　そんなある日、いまは布教所を持たしていただいているTさんが、

「先生、お道はとても難しいので、私も布教だけではとてもやっていけません。全くご守護を頂くのは難しいですね」

と、つらい心のなかを聞かしてくれた。私も言われてみてそうかと思ったけれども、よく考えてみたら、初めににをいのかかった人は麻薬患者で、それはそれは大騒ぎ。次が大酒飲み、次は事業で失敗した人。だんだん良くなっていることに気づいた。

「Tさん、ずいぶんおかげを頂いておられるのに、あなた、気がついていないのですよ。考えてごらん」

とお話ししているうちに、「元の理」のお話が思い出された。五分から生まれ、五分五分と成人し、生まれ更《か》わりを重ねていまの人間になったとお教えいた

だいている。ちょうど人だすけも、だんだんと成人に応じて、ふさわしい人をお与えいただいているのだから、もっと原典を勉強させていただく必要があるということを、話し合っているうちに気づいた。

それからいろいろと考えた。どの先生にお願いして「元の理」を教えていただこうかと思っていたが、その当時、深谷忠政先生が『みちのとも』に「元の理」についてお記しになっていたので、深谷先生にお願いできたらと思った。

大教会長に、

「月次祭の講話を、深谷忠政先生にお願いしていただけないでしょうか」

と申し上げたところ、よかろうとのことで、その月の月次祭を楽しみに待っていた。

ちょうど二十三日の朝早く、大教会へ参拝しようとしていたら、突然母が四十一度もの熱を出した。とても苦しんでいるので放っておけず、とうとう残念な思いで、私は初めて大教会の祭典を休ませていただいた。

その晩、母はすっかり元気になって、まるでその日は私が足止めとなったような感じであった。お話をあんなに楽しみにしていたのにと、残念な思いで、どうでも直接深谷先生にお願いし、お導きいただきたいと決心した。二十六日の参拝を終わってお伺いするつもりでいたら、偶然というか、道でばったり深谷先生にお目にかかった。

自転車で走っておられる深谷先生に声をかけさせていただいた。先生は私が兵庫教務支庁に勤めていたときによく、せつ奥様のところへお届けものを持ってこられて、私もお目にかかっていたので、覚えていてくださった。自転車から降りられた先生に、私は原典の勉強をお願いした。先生は私の顔を見ておられたが、

「それは感心なことだ。それでは私の宅へ来なさい」

と言われる。私は嬉しくて嬉しくてたまらず、日をお約束してお宅へ伺った。

そのとき、先生は、原典を始めから勉強するのは無理だから、教典から始めようと言って、教典第一章から始めてくださった。私は初めて天理教の教えを受けたような気がした。深谷先生が諄々《じゅんじゅん》とお説きくださる教典のお話が、まるで乾いた土に水の染むように、心のなかに染み込んでゆく。なんとあり

がたい親神様、ご存命の教祖の御理。いままで一般的な常識で判断していたときとは、まるで違った悟り方をお教えいただいて、目の覚めるような思いであった。

特に感じられたのは、身近なことであった。津田ツタ伯母が、来るたび来るたびに、くどくどしくお道の話をする。それを母が聞きたくないと言う。聞きたくない人に、なぜくどくど話をするのかと思っていたが、

どのよふなくどきはなしをするのもな
たすけたいとの一ぢよばかりで　七 26

このはなしなんでこのよにくどいなら
たすけ一ぢようけやうのもと　八 48

にんけんをはじめたをやがも一にん
どこにあるならたつねいてみよ　八 75

と、神様のお言葉を伺って、ようやくその訳が分かったような気がした。私は泣きながら、嬉し涙のとめどなく出るのも忘れて、

「私は幸福だ。なんてすばらしい親を与えていただいたのだろう」

と心のなかでお礼申し上げていた。

　深谷先生のお宅へは、週に一度お伺いしてお教えいただいていたが、そのうちに、先生がアメリカ伝道庁長のご命を頂かれたので、教典第五章で惜しくも中止となった。先生の教えで親を分からせていただいた温《ぬく》もりは、いつまでも心に続いている。ご教理については成人の鈍かった私が、少しは成長させていただけたのは、全く深谷先生のおかげと喜ばせていただき、その喜びに心勇んで、なお一層の丹精につとめきらせていただいたのである。

悲しい夫婦

母は私を産んで、その産後にリウマチを病み、その後ずっと身上が続いた。私は健康な母の姿を、とうとう知らずに成長した。祖母も私の母を産んでからリウマチであったという。二代続いたリウマチは、私にいんねんの深さを感じさせて、自分は健康な身体《からだ》ではあるけれども、やがては母と同じようなリウマチになるのではないかと、いわば、それが怖さに入信したようなものであった。そうして身体はとても元気に使わせてもらっているが、いんねんからいうとリウマチなので、その心遣いに時折ハッとすることが多かった。

母は、年をとってからの信仰によって身上をおたすけいただき、八十二歳で出直すまで教会でつとめてくださった。姉（兄嫁）もリウマチをおたすけいただいて、教会でにをいがけに、おつくしに、本当に力の限り尽くしてくださった。こうして一応形のうえのリウマチは皆おたすけいただいたが、私は自分の心のなかにこびりついているリウマチのいんねんにより、主人であり会長である人に対していつも喜べず、心のなかではもう諦《あきら》めるような、暗い、みじめな気持ちであった。

諦めるということは、心に不足のある証拠であるから、やはりつらいことであった。あるとき私は、なぜ主人であり、会長であり、絶対に不足の対象にしてはならない人に対して、どうしても喜べないのかと自分に問いかけた。結婚以来、苦労の連続であったが、ほかの苦労はあってもすぐ忘れるのに、主人に対して苦労したことはどうしても忘れることができず、常に悪いことばかりよく覚えていて、それを根に持っている。それでは自分が求めて苦労し、苦労をつくっているのと同じではないか。なぜだろうと、自分自身に問いつめるが分からない。

主人はよく私に、

「お前は信仰していても、ちっとも変わらんではないか。なんと哀れなことだ」

と口にする。私は、

「そんなに私が哀れなら、私をたすけてください。それが会長の責任でしょう」

と切り返す。本当に悲しい言葉のやりとりであった。自分でも、主人と別々にいるときは、全く何も考えることなく、ただただ上級の御用とおたすけに夢中になって楽しみいっぱいなのに、なぜ主人といたらこうしたことになるのか。いんねんとは言いながら、情けない自分であった。思えばこのころが、私の道のうえでの生活のどん底でもあったろうか。

　教会を売ったことに少しも悔いはないが、山のなかの一軒屋で、周囲を兎や蛇やムカデがうようよしている。人の子一人見えず、ガス、電気、水道、何一つない。長男は大教会長のおそばで御用をしている。二男はとても重い身上を頂いている。一人の娘はおぢばの学校へ行っている。母は教会を出たきり、会長もほとんど留守というなかで、私は少しばかりの信者さんの丹精を上級へ運ばせてもらうのが楽しみ、というだけで暮らしていた。

そんななかで、またしても主人との問題が頭に浮かんでくる。ある日、私はなぜ主人である会長に添いきれないのかと、しみじみ反省した。そのとき、結婚の当初から、何が原因で心が合わなかったのかと思った。

私は結婚のときに、私なりに希望する条件をつけた。それは、

一、朝起きをしてほしい。

二、酒、タバコをやめてほしい。

三、いままでより以上に働いてほしい。

いまから考えたら、あまりにも思い上がった私の条件であったが、これを実行してもらえるなら結婚してもよいというのであった。主人はどう考えていたのか、極力努力してみようということで、結婚の話は決まった。しかし、人間は棒ほど願って針ほど叶《かな》うと言うが、私には、結婚に対して持った夢は針ほども叶えられなかった。

それは当然であったかもしれない。私の思い上がりが過ぎたし、結婚してからも常に私は周囲の人を対照にして、主人はなぜ努力してくれないのか、もっと分かってくれないのかと、求めるばかりであった。

私が対照に考える人たちは、奥様がハリウッド美容室のお客として来られるような方で、その当時としては最高の生活をしている方がほとんどである。そんな人を対照として考えることが、既に間違っていた。奥様が美容院へ来ておられるとき、ご主人が帰りに迎えに寄られることがある。立派な服装、いんぎんな物腰、洗練された態度は、見る人を魅《ひ》きつける。身分も大会社の社長クラスの人が多い。ご主人は立派な方、奥様は優しい方、そんな方々を私は毎日のように見ていた。

いつしか私は大きな錯覚をおかしていた。そんな方々と自分を同じクラスのように思っていた。そういう喜びを自分も当然受け得られるものと思っていた。わが身の不徳も顧みずに、主人の欠点が気になり、なぜ努力しないかと不信感が深まった。生活が甘すぎているからだ、もっと生活態度を厳しくすれば気がついてくれるのではないかと、主人に対して申し訳ないことを考えていた。

商売は発展を続けていた。そのなかで私は、主人に尽くすことを考えず、求めることばかりであった。いろいろと記憶をたどるうちに気がついたのは、私はあまりにも自分の思い通りに主人を振り回したいと考え、その通りにしてきた。私の考えていることは常に正しいと思ってきた。それは正しいことに違いはなかったが、正しいからといって、それを思い通りにしてうまくいくはずがなかった。自分は間違っておらんから、私の思う通りにしてくれたら、必ず物事はうまくいくのに、なぜそんな勝手な意味の通らんことばかりするのか……と、常に主人に対して批判的であり、高慢な妻であったと、ようやく気がついた。

私は主人のためを思って言っているのに、主人が立派な会長らしくあってほしいために陰で苦労しているのに、何とか理の立つ会長であってほしいために心を遣っているのに、それが何で悪いのか、なぜ気に入らないのかと思っていたが、考えてみると、私は主人を悪い人に仕立てていたような気がする。

自分の意識では、常に世話女房のように、ああでもない、こうでもない、こうすればよいのに、と思ってきたが、主人は私に指図されるような、ぼんやりした人ではない。それに、行動は全くうらはらなところを見せてくれていた。それを見ていくのが自分のいんねんと、初めて気がついたのであった。

主人も私も、外の人にはよいのに、夫婦の間だけはお互いに与え合うことを考えず、ひたすら求める心しかない悲しい夫婦であった。私はいまこそ、真剣に考えよう。結婚してもう三十年が経《た》っている。考えたらあまりにも主人のなかに入り込みすぎている。それも自分の考え方だけで。もっともっと主人が好きで、主人を尊敬しているのならよいが、常に不平不満のあさましい心で入り込んだのでは、主人もたまらないだろう。それでよく家出をして、四、五日か、また長いときには二カ月も帰ってこなかった。きっと苦労しながら、どこかでお世話になっていたのであろう。

「ぼくは放浪癖が強いので……」と主人はよく口にするが、決してそうでなく、それは私と気が合わないからなのであった。幼いときは母と全然気が合わず、結婚してからは私とうまくいかず、子供たちのことも無視というように、孤独な人と言えば言えると思う。そういう人だから、あまり入り込んでしまって、夫婦だ、夫婦だという意識ばかりを働かすよりも、主人は主人、私は私と、どちらも生かすように考えることが、かえってうまくいくのではないか。

そうして、私はこれからどうしたらよいか、どんな私でなければならないかと考えたとき、少なくとも私は信仰を土台に生きている人間であるから、主人に対する批判はやめて、今度は尽くす人になりたい。それには、主人のいま一番求めているものは何か、それくらいのことは分かるはずである。主人はお金を十二分に持って遊びたいのが本心であろう。私と結婚以来、「お金を使わしてもらっても、いつも紐《ひも》つきで、ちっとも嬉しいことはない」とよく言っており、また私は厳しい生い立ちなので、主人のロマンチックな気持ちはいつも消され、心に不満を持っていることを察していた。

私はいままで、おつくし以外のお金は、まるで汚れたもののようにさえ思って、ただ全てをおつくしに集中して通ってきた。いまはそのおつくしさえ満足にできないので、おつくし以外の、信者のお供え以外のお金など、できるようなあてもない。しかし、主人を喜ばせるために、主人に尽くすために、何とかならんものかと思っていた。いままでは、とにかく主人の好きなことは全部私は反対で、平素の生活は不自由を一番楽しみに通りたいという思いであった。大内通の教会も、水道を引いてあげようと言っていただいても、もったいない、井戸があるのだから、身体を使いさえしたら、夏は冷たく、冬は温かい水が使わせていただける。だから、水道を引くなどとはもってのほかと、お断りしていた。

　不自由というものがいかに大きな価値があるか。いろいろと工夫をすれば思いがけない発想が湧《わ》いてくるし、人にも思いやりが出てくる。教祖は、難儀不自由のなかに真の結構があるとお聞かせくださるのだから、この不自由を楽しめるような人間になりたいと思う。それで主人にもそれを求めるのであるが、主人はそんな気持ちは生まれたときから持ち合わせておらず、私と結婚して初めてそんな難儀なことを強《し》いられるのである。それも、お金がなくて困ってのことであれば致し方もないのであるが、使いきれないほどの高収入のなかで不自由を強いられるのは、とても不足だったと思う。私はそれにちっとも気づかず、そうすることが私たち一家の幸福につながる道と思っていた。決して悪意はなく、むしろ一生懸命に善意に努めて、それが全部裏目に出たのである。それは、リウマチという家代々の夫婦のいんねんの現れの、不徳の姿なのであった。

その問題の解決（とまでいかなくとも、せめて解決の手がかりでも）の時期が、いまのような、おつくしも満足にできない状態のときに到来したことは、ちょっと見には皮肉のように見えるかもしれないが、これはこれでよいと思った。もしも結構づくめであったら、一家は全滅したかもしれない。いまだからよいのだ。この苦しいときこそ最も好《よ》いときだから、一切をなげうって主人の好きなことをさせてあげよう。もしそのために私たちがどんな悲しい出来事にあっても仕方がない。私がいままで自分がよいと思って気がつかずに、主人の心に沿わなくても、よいことはよいのだと、浅く考えてきたことを心からお詫《わ》びして、何とか主人の意に沿いきるようにと、あれこれ考えていたところであった。

そこへ瓢箪《ひょうたん》から駒の出たような話で、隣接地の売買の話が出た。

Kさんが、隣接地を二十万円で買えば、教会の土地も一緒にブルで整地をしてあげる。そうすれば将来、神殿も建てられるし、隣接地も七十万円には売れると言ってくださったのを、私は例の頑固さから、そんな人間思案は理に適《かな》わないと恐れていたというのが、そのときの私の本心だった。私は信者の方々の真実のおつくしに望みをかけていた。おつくしをしてくださった方々が、不思議なご守護を頂いてくださる姿を見るのが私の生きがいだったので、私はKさんの真実を受け入れられなかった。しかしいま、お金を相当まとめて会長に渡すためには、信者のお供え金を使うような広い大きな心も持ち合わせていなかったので、結局Kさんの相談を受けて、いよいよブルを動かしてもらうことに決めた。

そこで、とりあえず二十万円借りられるかどうか兄嫁に持ちかけたところ、銀行に頼んでみてあげようと言ってくれた。Kさんには、土地の買収と整地にかかってもらった。ちょうどそのとき、天浦の信者で鮑《ホウ》さんという方が、知人にその土地を買ってもいいと言っている人がいるという話を持ってきてくれた。話はとんとんと進んで、土地は予定通り七十万円で売れた。それで、兄嫁に二十万円を返し、切貫先生にも大内通の教会の件でご迷惑をおかけしていたので十万円をお礼し、またブルドーザーの方々にも少しお礼金を出して、ちょうど残った三十万円を全部、会長の前に差し出した。

「これをどうぞ、あなたの思うように、自由に使ってください」

会長は目の前に置かれた三十万円のお金を見て、しばらく黙っていた。びっくりするというより信じられないという顔つきであったが、ややあって、

「本当か。本当にこれを全部使ってもいいのか」

と、何度も何度も念を押した。結婚以来初めてこんな形でお金を渡されて、会長は容易に信じられなかったのであろう。気の毒に、と私は一瞬、暗い気持ちになった。しかし、すっきりしたようで、また私は救われたような気持ちでもあった。

会長はそのお金を手にした。私はどうぞ自由に使ってくださいと言ったけれども、心の底には、たとえ少しでもおつくししてほしいな、という気持ちもないではなかった。会長は一向にそんな様子もなく、長男の範三に靴を一足買ってやった。女の子の彬が、

「お父ちゃん、靴の裏が破れて、石ころが入って歩くのにとても痛いから、一足買って」

と言っても返事もしなかった。洋服や靴を新調し、りゅうとしたスタイルで

毎日出ていく。これは当然予期していたことなので、私には何の感情もない。私は私でお道の御用にかけずり回っていた。

半月ぐらい経つと、いろんな情報が入ってくる。

「会長さんがずいぶん派手に遊んでおられますが、ご存じですか」

信者のなかには盛り場にいる人や、水商売の人もいる。見たり、噂《うわさ》を聞いたりして知らせてくれる。それに対して、

「よく知っているから気にしないように」

と打ち消したので噂も大きくならず、日が経っていった。三カ月ぐらいもしたころであろう。そろそろお金も使い果たしたころと思うある日、珍しくどこへも出かけないので、もうお金がないのではないかと会長に聞くと、全部使い果たしたとのことであった。私はそれで、これからはお金もないし、どうされるのですかと聞くと、別にどうするという気もないと言う。私は、実は今後のことでお話ししたいと言うと、それでは話を聞かせてくれと言う。

教会は人の出入りも多く、部屋もないので、外でお茶を飲みながら話をした。

私の考えでは、天浦の教会は主人が会長なのに、誰も会長さんと言うて来

る人はない。皆、先生おられますかと言う。全く会長さんを無視しているようなので、これには私も申し訳なく思っているが、さてどうするということもできない。こうして垂水に落ち着き、信者も少しは定着してきたので、まあどうにかやっていけると思うが、私はこの際、あらためて単独布教に出たい。場所はまだ決めていないが、できれば東京へ行きたいと相談を持ちかけた。

会長はびっくり顔で、そんな無茶を言うては困る、天浦にお前がおらんでどうするのだ、自分もよく考えるから一週間ほど時間をくれということである。ところが一週間経っても、何の話もない。またうやむやになっては困ると思って、悪いが催促すると、実はぼくもいろいろ考えた末、一つの決心がついたので、それを話したいと言う。それは主人にとっては、いままでにない内容であった。

会長は、お前でなく自分が単独布教に行きたいと言った。上級の若先生がいま、何もしないで遊んでいる。あれではならぬから、若先生と一緒に広島へ布教に行かしてもらいたいと思う――今度は私のほうがびっくりしてしまった。贅沢《ぜいたく》に暮らしてきた主人が、寝るところがなくとも寝袋を持って行く、それで結構と言う。大変な変わり方に私は言葉も出ず、ただただ親神様、教祖にお礼申し上げるばかりであった。

昭和三十五年一月一日、元日というのに会長は上級の若先生と二人で広島へ布教に旅立った。本当に寝袋を持って苦労する決心であった。教会長が単独布教に出るということが、ほかにもあるかどうか知らないが、信者たちは会長を見直した形で、会長さんが布教に出られるなら、われわれもじっとしておれないと、正月早々皆が心を新たにし、一から出発しますと誓ってくれた。会長の布教は、このころ少し沈滞気味であった天浦に新しい気を吹き込み、皆を奮起させたのであった。

「ヒロユキデナオシタ」

元日に会長を布教に送り出してすぐの一月四日、上級の琴緒分教会の霊祭に参拝していると、電話がかかってきて、いま天浦が火事だからすぐ帰るようにとのことであった。驚いて急ぎ帰ってみると、もう火は消えていた。教会の屋根はルーフィング紙を張っただけの、ひとたまりもなく燃えてしまいそうなバラックなのに、半分足らずで消されてある。どうしたことかと思って聞いてみると、不思議なことばかりであった。

お社《やしろ》の後ろは人一人がどうにか歩けるぐらいの空間で、火の気などは全然ないのに、そこから火が出た。その日は教会のすぐそばの空き地で消防の出初め式があり、消防の行事をしているときに、すぐ横で本物の火事が起こったので、燃えだした途端に、消防の演技が本当の消防に早変わりして、火の手は上がったがすぐに消し止めてもらったということであった。

そこへ偶然にも、この二間しかない教会を建てるときに手伝ってくれた大工さんが来て、早速その場から修理にかかってくれた。会長も急を聞いて広島から帰ってきてくれたが、このさまを見てすぐ広島へ発《た》った。会長の布教とともに、一つの節としてお見せいただいた教会の火事であったが、神様は天浦を根本的に洗いかえようとしておられるのではないかと私には思われた。

このころ、既に八年あまり大教会長のおそばで勤めていた長男の範三に結婚の話が持ち上がった。範三に後継者として勉強させたいこともあるので、天浦へ帰していただきたいと願ったところ、大教会長は、範三は帰ってもよいが、その代わりとして、いま広島へ行っている会長に、大教会へ来て大教会長室長として勤めてもらいたいとのお言葉であった。ありがたいことである。私はすぐ広島へ行って会長に伝えたところ、大教会長の思召《おぼしめし》なら従わせてもらうと、その場で承諾したので、とんで帰ってお受けさせていただいた。

範三は教会へ戻って修養科に入り、その修了を待って結婚式を挙げた。相手は、同じ兵神部内の、三木分教会のまた部内教会の信者さんの娘さんで、鷲尾昭子さんだった。大教会長夫妻が媒酌人となってくださって、大教会で式を挙げ、御殿のような大広間で盛大な披露宴をさせていただいたことは、この上ないありがたいことであった。それから、そのまま夫婦で東京へ布教に発った。会長は大教会へ勤める。一つ心が定まれば、神様は一人一人に進むべき道をお示しくだされ、連れて通ってくだされる。しみじみありがたいことと思うとともに、天浦の道もようやく軌道に乗りはじめたことを感じた。

会長はじめ、皆それぞれ持ち場立場をはっきりし、しかも一手一つに揃《そろ》うて進む体制がとられたとき、教会は安定し、教会にさえ足を運べば必ずご守護いただけると、自分も信じ、人にも言えるようになった。もったいないことではあるが、それが当たり前だとさえ思えるようになった。不思議なたすけを次々とお見せいただき、住み込みの人も大勢になった。その人たちのために、整地をしたところへ、バラックではあるが建てていった。

その当時、ブルドーザーで整地するより前に、土地の低いところへ六畳二間の部屋が神殿として建てられたが、その周辺をひのきしんで整地していた。

教会周辺の整地中に撮った珍しい写真

住み込みの人や、通ってきてひのきしんをしてくれている部内教会の会長たちも、手に豆ができたり、まだその上に血だこができたりして、見る目にも痛々しかった。そのころ写した写真に珍しいものが現れていた。

　それはまるで天女のような、純白のロングの服を着た男女の姿で、その足もとに、三つの明かりがボーッと周囲に光を投げかけている。肉眼で見ることのできない人の姿が、写真に写っている。いままでテレビや週刊誌などで、心霊写真を見たこともあるが、それと違って実にハッキリと写り、暗いところが全くない。何となく心が晴れ晴れするような、神のお使いといった感じの姿が、ひのきしんの人とともに写し出されている。本当に珍しい写真で、いまも大切に保存している。

私は相も変わらず、おつくし、おつくしと走り回っているが、この時期おつくしはなかなかできなかった。できてもすぐに上級へ運んでしまうので、教会は火の車である。

一番力になってくれて、おつくしのできるのは、私の実家の兄嫁、西村久子であった。ほかには信者の一人一人、誰を見ても、おつくしのできるような人はいなかった。それなのに、私としては不十分ではあったが、とにかくおつくしは次々と運ぶことができた。これも不思議であった。

昭和三十七年の五月中旬であったと思う。いつもよく来てくださる大教会長が、オートバイを飛ばして来てくださった。そのとき、

「この教会をお前たちが継いでから何年になるのか」

とお尋ねがあったので、

「ちょうど二十年になります」

とお答えすると、

「二十年か。それでは神殿を建てさせてもらえ。こうして整地もできている

ことやから」

と言ってくださった。私はいつもの通りに、

「ハイ、ありがとうございます」

と申し上げると、大教会長は、

「それでは、神殿を建てるように。いまからかかって本年中に竣工《しゅんこう》、奉告祭も今年中にするように」

と言われるが早いか、オートバイを飛ばして、坂道を矢のように帰ってしまわれた。

そのお姿を見送りながら、私の頭にまず浮かんだのは、ハイ、とお受けはしたものの、言うまでもなくお金の問題である。いま手もとには一円の金もない。本年中と言われたら、なおさら大変なことである。造成されているとはいっても、周囲の塀さえできないので、そのままに放ってある。いままで何でどうして神殿が建つか――と思いかけて、ふと気がついた。この状態でも大教会長の言われる通りにしてきた。お言葉を受けて、皆が心を合わせ、力を合わせてやりさえすれば、必ずできる。私の心は決まった。

ふしんということに私は知識がないので、大教会で勤めている会長に帰ってもらって、大教会長のお言葉を台として、ふしんをいかにしてするか、期日の点は、費用の点はと相談した。会長は大教会から帰れんと言う。私にはふしんの知識がない。どうしたらよいか。

思い浮かんだのは甥《おい》の西村英一である。英一は私の詰所勤務のときにも、手とも足ともなって働いてくれた。それからは大内通の教会を売るまで住み込んでいた。いまは住み込むところがなくなって帰っているが、建築の仕事をしているので、これならば適任である。早速呼んで相談した。私の口から出るのは、お金のことばかりである。一銭もないところからするふしんである。無理をしたくない、いやできない。できるふしん、教会相応のふしんを、と考えて結局、三間に七間、二十一坪の神殿とすることに決まり、図面を引いてもらった。全くご守護ばかりを頼りとするふしんである。なけなしのなかからお運びのお金もお与えいただき、お許しを頂いた。

いよいよふしんに掛かるようになったとき、急に、いまのような建物では、高台であるし台風が来ればとても危ないということになった。そのうちに、どういうことからか急に話が進んで、いっそ建てるならというので、鉄筋で建坪百十一坪のものを建てることに計画が変更された。四間に二間半の上段、二十四畳の参拝場、十畳と八畳の客間、八畳と四畳の会長室……事務室（六畳）、神殿前の直会場《なおらい》（七畳半）、教務室（七畳半）、それに食堂もある。全く思ってもみなかった教会が、図面の上では出来上がった。

鎮座祭を昭和三十七年十一月十日、奉告祭を十一月十一日とお許しを頂いた。と、いまとなっては簡単に言うものの、そのとき信者の人々に集まってもらって練り合いをするのに、誰一人としてふしんに反対の人などいない代わりに、皆どうしよう、どうしようと言うだけで、力のない（経済的に）人ばかりであった。おぢばへお願いに出る幣帛《へいはく》料すらも、こしらえるのが大変というありさまであった。

ふしんの手始めに、まず教会敷地周囲の境界壁を作ることとなり、その鉄筋一トン三万円をどうにか買い入れて、教会住み込みの人たちをはじめ、部内の若い会長たちの手で工事を始めた。皆が手に大きな豆をこしらえ、慣れぬ仕事で見ていてもつらそうであったが、誰一人不足を言う者もなく、力を合わせて工事に掛かってくれた。

本建築に掛かるまでの準備仕事は教会側でやることになっていたが、素人のことでいろんな失敗もあった。コンクリートを打つときは梅雨の最中で、期日は決まっているし、どうなるかと焦りもしたが、とにかく親神様、教祖におすがりするよりほかはない。それにはおつとめ、おつとめと、ひたすらおつとめに力を入れていた。それで、毎日十二下りを朝づとめ前に勤めて、それから朝づとめをさせていただくようになった。それまでは、一人一人が、夜中でも朝早くでも、勝手にそれぞれ十二下りを勤めていた。信者の人たちは、私の顔を見れば、先生どうさせていただきましょう、すみません、何もできずに申し訳ありませんと言う。あまり皆から同じ言葉を聞くので、なぜかなあと思ったが、私が常に「十分なことができずすみません」と思いつづけているので、いまそれを信者の人たちから聞く立場になって、感慨は無量であった。

信者に対して、私は決して泣き言は言わなかった。心配せずとも、必ず神様が教会は建ててくださる。私たちは自分の持ち場をしっかりつとめさせていただきましょうよ。勇んでやらせてもらおうよ。男の人はごふしんに、女の人はにをいがけ・おたすけに励ませていただきましょう、と言っていた。会長は大教会の御用に、本当に生まれ変わったように丹精してくれていて、月次祭以外はふしん中も教会へ帰ってこなかった。

話は元へ戻るが、次男の博之は早稲田大学の昼間部へ転じて勉強していた。私のほうからは少しも仕送りをしないで、アルバイトをし、布教をしながら、それでも音楽を楽しんだり、身体を鍛えるために運動もしながら、大学生活を結構楽しく送っているようであった。あるとき、一人の女の子を連れてきた。そのIさんという可愛《かわい》い娘さんは、早稲田のクラスメートであり、お付き合いしているということであったけれども、ちょっと分に過ぎた話で、博之のいんねんからいって、これは困ったことになったなと思ったが、まあそのままお付き合いを認めたような形になってしまった。後になってその子のことがきっかけとなり、非常に精神的な打撃を受けるような問題が起こったらしかったが、それでも無事に四年間のコースを終え、卒業させてもらった。

私にはこのころから、博之の人生観というか、考え方が少し変わってきたように思われた。早稲田を卒業したのは昭和三十五年三月で、当時、海外布教の熱は全教に高まっていた。そのためかどうか、博之は外国留学を考えていた。

「お母さん、ぼくはどうしても海外布教をしたいから、ハワイ大学へ入って、一、二年英語を勉強したいねん。ハワイへやってくれへんか」

と言う。私も考えて、ここまで来たら、この子はそれが向いているかもしれん、うちからも一人ぐらい海外布教へ出てくれる者があっても、と思った。そのとき井上護國《もりくに》先生がハワイ伝道庁長をしておられ、私も懇意にしていただいていたので、そのことをご相談したら、

「それでは入れてあげたらどうだろう。良いことやと思うが……」

とのことであった。ハワイの三国先生のところに常岡先生のご子息がおられたけれども、日本へ帰られた後で、ちょうどボーイがほしかったときだから、そこへお宅の博之さんをお世話し、そこからハワイ大学へ行けばいい、との結構なお話で、ことはトントン拍子に運んだ。ハワイ大学の試験も無事通っ

て、博之は希望通りハワイで勉強することになった。

ところが、ハワイへ行ってからしばらくの間は、喜びの手紙や、頑張っているとの手紙も来たが、それもだんだん来なくなった。来ても、寒かったとか、身体が冷えるとか、変なことばかり言ってくるので、何となく不安な予感がしていた。そうしたら博之から、

「医者に診《み》てもらったところ、胸が少し悪いらしいので、日本へ帰って養生するか、あるいは専門的な療養所へ行くか、どちらかにしなければならないのだが、自分は日本へ帰りたい」

と言ってきた。やはり悪かったのか、ハワイへやったのが無理だったのかと思っても、もう後の祭りである。とにかく手もとへ置いて、一からやり直さなければならぬと思って、「日本へ帰るように」と言ってやったら、博之は早速帰ってきた。行ったときのあの元気な姿はどこにも見られない。本当に「孤影悄然《しょうぜん》」といった姿で帰ってきた。

「博之さん、今度はよほど覚悟せんとあかんよ。というのは、あんたはハワイへ行ってから信仰が全然薄れているやないか。そうやから、必死になって

信仰するか、それでなかったら入院して完全に治療するか、どっちかにせんと命を縮めてしまうと思う。あんた、どっちとる気や」

そう博之に聞くと、

「そやなあ、考えるわ」

と言っていたが、もうそのときには身体がだいぶ悪くなって、考える気力も薄れていたのではなかったか。その後も、どうするのかと再び尋ねても、

「考える」

と言うだけで、教会にも住み込まず、入院もせず、すっかり弱りこんだらしく、魂の抜けたようなありさまであった。私も、危ないな、危ないなと思いながら、毎日の御用やおたすけに忙しく、博之のことはついそのままになっていた。

天浦分教会の神殿ふしんが始まって、部内の若い人たちが毎日、慣れぬ仕事に汗を流している間も、博之は遂に一日もその仕事に丹精することはなかった。そして昭和三十七年九月二十八日、私がおぢばへひのきしんに行っていたら、

「ヒロユキデナオシタ」

と、たった一行の電報が来た。私はその電報の白い紙を握りしめた。人が見たら真っ蒼《さお》な顔をしていたであろうが、不思議と涙は出なかった。来るべきところへ来てしまったという、安堵《あんど》感でもない、諦めでもない、そんな感じが胸いっぱいに広がった。私はそのままかんろだいへ走って、深くお詫び申し上げた。

帰って博之の死に顔を見たとき、博之はとても二十六歳とは見えぬ幼い顔をしていた。この子に何一つ喜びも楽しみも与えてやれないで、出直させてしまった。本当は私がこの子を殺したようなものやないか。一体どこに私のお詫びがあるのか。どこに私の考えなければならぬものがあるのか。この子の亡くなった意味合いが私自身に分かるまで、私はどんなことがあっても、この子のお詫びをして、心の入れ替えをさせてもらわねばならん。この子を犬死にさせてはならん——出直した子供の前で心に誓う私であった。

博之が腎臓結核と診断を受けたとき、柏原源次郎先生から、

「あんた、ご主人にお詫びしなさいよ。ご主人にお詫びしないと、この子は

たすかりませんよ」

と聞かせていただいたことがある。私は結婚以来、本当に主人に謝ってもらいたい、謝ってほしいとばかり思っていたのに、その主人に私が謝るとは一体どういうことかと思った。でも、謝って子供がたすかるなら謝ろうと思って、これが謝っているのかと思われるほど無作法な謝り方ではあったけれども、子供のために主人に頭を下げたことがある。やはり本心からの謝りではなかったのであろう。「子供のために謝る」のでは、真に謝っているのではない。そういうところに私の足りなさがあったのではないか。そうして、そのお詫びがこうした形になって、いま私の目の前にある。本当にお詫びしたい。何とかして自分で自分の心をはっきり掴《つか》んで、心からお詫びをしたい。出直した子供の前で、初めて私は泣いた。泣いて子供にお詫びをしたのであった。

博之の葬式に来てくれた四人の青年があった。一人は妹尾さんといって、教会の役員の息子で、日本大学を出ていた。妹尾さんが、

「博之さんが亡くなったと聞いて、びっくりして飛んできました。博之さんの代わりはできないかもしれませんが、でも先生、ぼくを博之さんの代わり

と思って、先生の手もとでご恩報じさせてください」

と言ってくれた。

「ありがとう、マサミちゃん」

と言って、私はその子の手を握りしめた。

　それから寺本さんである。この子は博之が早稲田へ行ったとき、一緒にいたのであるが、この子も教会へ住み込んで博之の代わりにと言ってくれる。葛西さんという子は、博之が布教中に松坂屋で一緒にアルバイトをしていた。博之がにをいがけして修養科を出たが、この子も来てくれた。そこへもう一人、三枝《みえだ》さんという子も来てくれて、博之一人出直したのに、おかげで四人もの青年が天浦へ住み込んでくれることになった。神殿ふしんの最中で、皆一生懸命につとめてくれた。博之さん、ありがとう。勉強しながら自分のいんねんをよく悟って、布教してくれた。短い期間ではあったが、不自由をよく忍んで、にをいがけにつとめてくれていた。それがいま実を結んで、ほしいときにほしい人が四人揃ってつとめてくれることになった。私は博之にお礼を言わなければならない。

博之の出直しによって、私はいろんなことを教えられた。昭和三十年の発病から、三十七年の出直しまで、七年間を経過して、その間にはどうかと思われる日もあったので、出直しによるショックよりも教えられることのほうが大きかった。私は自分自身、思い上がった道を通り、自分についた形のものはすべて裸になりながらも、心にしみついたほこりはちっとも取れていなかった。形のあるもの、家族までも捨てて入ったつもりの信仰のなかでも、やはり一番大きな、私自身の私なりの我執と信念とは、まだちっとも取れぬまま持ちこしてきたのであった。七年間、自分自身のほこりのために、自分が病むのでなく、子供を病ましてきた。なぜもっと早くここに気がつかなかったのか。いんねんのためとは言いながら、自分の至らなさ、愚かさが悔やまれてならなかった。

大海の心に

　教会のふしんはどんどん進んでいたが、私はふしんのことは全然分からないので、子供の出直しのときに決意したように、私自身を洗いかえるために、夢中になっておたすけに出た。全くおたすけに憑《つ》かれたようであったと思う。

　ふしんが進むに従って、考えられないような不思議なおかげが信者の人々の間に現れた。ある人は、人に取られていた土地がそっくり返ってきた。ある人は、思いがけぬ親戚《しんせき》の人の出直しによって遺産が入った。またある人は、半ば諦《あきら》めていた貸金が返却されてきた。そうしてその一人一人が、これは教会のお金です、神様がそうしてくださったのですと言うのが、共通した言葉であった。旬の働きというか、自分というものを無にして働いたならば、神様は決して放っておかれないということが、しみじみ分かった。どんな手立てをしてでもご守護くださるものだなと思った。

といって、このふしんが楽々と出来上がったのでは決してない。やはり苦労の連続であったが、そこに神様のお働きを見せていただくことができた。

鉄筋を組み立て、コンクリートを流すときに、必要な材料などは、西村英一の関係している会社が竹中工務店の下請けであったため、竹中工務店で使い古したものを市価の三分の一くらいで譲ってくれた。しかし、いよいよコンクリートを流す段になって、ミキサーやタワーなどの道具が、なかなか借りられなかった。早くしないと梅雨になる。一日長く借りたら一日だけの費用がかさむので、何とか梅雨に入る前に借りて工事を進めたい。どうなるかと焦りの色が見えたとき、上級の琴緒分教会から、台所を造りかえたいので、できるだけ大勢のひのきしん者を出してくれとご命が来た。

そのとき、私は考えた。いま天浦がコンクリート打ちになって行き詰まっている。そこへ上級からひのきしんと言うていただいた。これはたすけの声ではないか。人間の考えでは、いま上級にひのきしんに行かせていただけば、その間、天浦のふしんは中止になる。困ったことだと思うが、困らせようという神様はない。私たちは神様を頼っての日々なのだから、いまこそ喜んでひのきしんをさせていただこうではないか。そう考えて、全員揃《そろ》ってひのきしんをさせていただいた。

　そのすぐ後、大教会の奥様が三宮へ買い物に行かれるので、お供《とも》をするようにと言われ、奥様と三宮を歩いているとき、偶然にも知り合いの田中さんという人に久しぶりに出会った。その人のご主人は土建業をしていたので、私はちょうどいいところでお会いできたと思って、奥様にお断りして、当たって砕けよとの思いでぶしつけにも、

「実はいま、私の教会でふしんをしていますが、コンクリート打ちの道具がなくて困っています。道具一式を何とか貸していただけるよう、社長さんに頼んでいただけないでしょうか」

とお願いした。田中夫人は、いま社長は病気で入院中であるが、だいぶ快《よ》くなっているから頼みに行けば、たぶん大丈夫と思います、とのことであった。

　私は早速その翌日、神戸製鋼病院に田中社長を訪ね、教会ふしんの現状を

お話しして、コンクリート打ちの道具一式をお借りしたいとお願いした。社長は快く承諾し、素人ばかりでは心もとないから、職人も三人回してあげましょうとまで言ってくれた。それを聞いて本当に嬉《うれ》しかった。すぐに職人さんが、道具をトラックに積んでやって来た。もう梅雨に入っていたが、本職の人が来てくれたので、皆が勇んで、賑《にぎ》やかにコンクリートを打ち終えた。

田中社長はお礼に伺った私に、

「先生、実は今度のご奉仕にはお金を頂かんつもりでしたが、連日の雨で職人が困っているので、少しだけお金を与えてやってほしいのです」

と遠慮がちに申された。信仰のある人でもできぬような心づくしであった。こうしてふしんは着々と進んだ。

新しい神殿の鎮座祭は十一月十日の夜と定め、お許しも頂いてあるが、教会にいた私のところへ、

「教会ごふしんが全部仕上がりました」

と言ってきたのは、鎮座予定時刻の二時間前であった。私は急いで神殿に上った。その美しいこと。皆の丹精込もった立派な神殿が、そこに出来上がっ

ていた。見事な出来栄《ば》えであった。無論、本職大工はお願いしたものの、とても素人の手ばかりで、短い期間にできたものとは思えなかった。神様のご守護としか言いようがない。ちょうど教祖殿のお御簾《みす》をかけているところであった。私は神殿の真ん中に座って、

「これが天浦の教会ですか。これが天浦の教会ですか」

と繰り返し、繰り返し言っていた。皆も無言で立っている。不思議な感動がそこにあった。誰《だれ》かが何かひと言でも言えば、涙がほとばしり出たかもしれない。心のなかはもう涙でいっぱいであった。

「これが、これが天浦の教会ですか」

この言葉を、私は一生忘れないであろう。

間もなく始まった鎮座祭は、皆が泣きながらつとめさせていただいた。翌日の奉告祭も皆泣いた。こんな涙は一生のうち、そんなにたびたび流れるものではない。私たちのような者の教会へ、大教会長がお入り込みくだされ、さらに芦津、飾東、洲本の大教会長様にもご臨席いただいたことは、この上ない感激であった、ありがたいことであった。

その奉告祭も無事終わった翌日、このふしんに会計の面で一番力を入れてくれた私の実家の兄嫁の、長男に当たる人から、

「こうして立派にふしんが出来上がったのだから、建築屋さんに全額支払いを済ますのが当然です。全部支払ってやってほしい」

との話があった。私にとっては、お礼なり、おつくしなり、そのほうが大事だから、どうかしばらく待っていただくようにと話をしたが、どうしてもすぐに全額支払いを済ませてくれと言う。それではすまんが、あなたが立て替えて支払いをしてもらえないかと、兄の長男に言うと、そうしよう、銀行で借り入れて支払いを済まそうということになって、支払いはきれいに済んだ。ところが間もなく、兄の事業に思いがけぬご守護があり、立て替えてくれた銀行の借入金は全部、兄の長男がお供えにさせていただくと言ってくれた。全くこのふしんは最後まで、夢のようなおかげの連続であった。

　ふしん中に出直した博之の身代わりにと言って、教会に住み込んでくれた四人の青年が、今度は布教に力を入れてくれることとなった。一人は現在、小豆島で部内の親之手《おやので》分教会長となり、一人は高安部内の教会へぜひにと頼

まれて教籍を移したが、教会長の後継者として励んでくれている。もう一人は、かつて会長が布教をした広島で布教所を頂き、やがて教会になろうとしているし、他の一人は東京に帰って、これも布教所長をしている。こうして四人揃って教会長になる日も近いと思われるが、これもふしんに伏せ込んだ理のたねの成長した姿として、本当にありがたいことである。

神殿ふしんができて間もなく、会長の母、木下りょうが出直した。母は五年間、全く寝たきりの身上を頂いていた。母が元気なとき、教会の住み込み人が続かず、常に出入りが激しかった。言いにくいが母はとても分け隔ての心が強く、ある人には十二分にしてあげるが、ある人には食べさせることも惜しいというような気持ちを見せて、結構自分は悦に入っているというようなところがあった。見ている私は言いようのない苦しさであった。せっかくたすけていただこう、たすけさせていただこうという人に対して、とんだ潰《つぶ》し役の母であったが、私が広島へ布教に行って留守中、突然病気で倒れ、「スグカエレ」という電報で飛んで帰った。

母の身上は延髄というところの病気で、ちょっと中風に似ているが、一番困ったことは、舌が全然動かない。そのために食事はもちろん、水の一滴も喉《のど》へ通らない。このままでは餓死するよりほかないというので、とにかく入院し、鼻から管を入れて食事をとるということになった。そう決めて、集まってきた人たちがどんなに勧めても、「入院は嫌《いや》」と、言葉はひと言も出さないが、手で形をして示す。とうとう会長と、会長の弟との二人で医者に話をして、無理にでも入院させることに決めると、今度は私の身体《からだ》に抱きついて、入院は嫌という形を表すのである。両手を合わせて拝む形をして見せるので、遂に皆も諦めて、教会で世話をさせていただくこととなった。

しかし、食事が全然喉へ通らず、ひもじい毎日である。私のほうが辛抱できないほどつらかった。五日に発病し、八日になった。八日はその当時、私が会長として預かっていた西郷《にしごう》分教会の月次祭であった。祭典が終わって落ち着いたとき、一層母のことが思われた。本当に親が餓死しようとしているのを、子として見すごしてはおれん。どうでもおたすけいただこう。どう心定めをさせていただくべきかと、いろいろ思案した末、神様は決して見殺しにはなさらないのだから、とにかく母が食事を少しでも食べられるようになるまで、私が断食をしよう、そうすれば私も苦しいから、必ず何か悟らせていただけるであろうと考えた。そして、おつくしを上級へ運ばせていただく。この二つを心定めし、参拝の人々にも話をしてお願いづとめをさせていただき、天浦へ帰ってきた。

するると、母のそばについてもらっている人が、

「先生、夕方からほんの少しずつですが、喉へ入ってゆくように見えますよ」

と言う。母はそのころ、全然喉には通らなくても一日中、茶瓶に何杯とも分からないほど水を口へ入れてみるが、全部外へ出てしまい、タオルを五十枚ぐらいも濡らしてしまうという状態であった。見ておれない母の空腹の姿に、ちょっとでもいいから喉を通ってくれたらどんなに嬉しいかと思っていた私は、全然口のきけない母に、

「お母さん、少しでも喉を通っていますか」

と聞いた。すると、母ははっきりとうなずいた。

「ああ、よかった」

私はこの鮮やかなご守護に心からお礼申し上げた。が、病気が治ったのと

違って、食べものが辛《かろ》うじて口から入るようになったというだけである。それで私は安心して、それから後はただ教会内が一致して介抱をしてあげればよいのだと思っていた。これも思い違いで、後になって気づかずにいた自分の親不孝が痛いほど分かり、お詫《わ》び申し上げた。母がもの足りない思いであったのも、当然だと思っている。

昭和三十九年の春であった。中山善衞たすけ委員長様が、兵庫県の三木へお出《い》でになった。兵神の大教会長がお供《とも》で、私はそのまたお供で、もったいないが同じ車に乗せていただいた。神戸から明石へ向かう高速道路で垂水の山の上を通っているときに、天浦の教会の屋根が見えた。私がそっと拝むと、大教会長が、

「あれに見えます屋根が、天浦の神殿でございます」

と説明された。すると、たすけ委員長様は、

「よかったなあ、木下さん。神殿が建ってよかったなあ」

と繰り返して仰せくださった。そして、それだけでなく、

「木下さん、あんたのとこへ一度参拝させてもらおう」

と仰せくださった。私はただ嬉しく、

「ありがたいことでございます」

と、心からお礼申し上げた。

三木にお供させていただき、その晩は教務支庁までお帰りになってお泊まりであったが、そのときにもたすけ委員長様は、

「木下さん、よかったなあ。いつもあんたはうろうろしているから、教会はどうしているのかと思っていたが、よかったなあ」

と、またお言葉を頂くうちに、ひしひしと親心の尊さを感じたのであった。

そのときに、たすけ委員長様のお入り込みを頂くことが決まったので、急いで客間を建てるようにと、大教会長からのお指図を頂いた。本当にこんなときでなければ客間も建てられない。これも天の与えと、皆勇んで早速、客間のふしんに取りかかった。勇んだ槌《つち》音、のみの音を聞きながら、私は一層おたすけに励ませていただいた。客間は間もなく出来上がり、翌年、たすけ委員長様のお入り込みを頂くことができた。

「広々とした見晴らしのよいところやなあ。あの海のような、広い、大きい

心で通ってくれ」

と、お褒《ほ》めとお仕込みを頂いた感激は、永久に忘れられない喜びである。

それから間もなく、修養科一期講師のご命を頂いた。久しぶりのおぢばづとめで、毎日毎日が楽しく、若い人たちと共に何もかも忘れて勉強させてもらった。全くそのころの私には、気にかかるものは何一つなく、自分も修養科へ入ったような気持ちで、夢中になって勤めた三カ月であった。

会長とともに教会の神殿で(昭和44年)

この期間中に私は、修養科の人たちと共に別席のお話を一席から九席まで拝聴した。おさづけの理を拝戴《はいたい》してからもう三十数年が経《た》っている。お道で最も尊い別席のお話を聞かせていただいて、いつも思っているところの、自分の心の至らなさをはっきりと知りたかった。信仰の元一日に立ち返るのに、こんなよいときはないと思ったからである。あらためて聞く別席のお話は、新たな感動であった。親神様の思召《おぼしめし》、教祖のご苦労を心におさめさせていただき、生まれ変わったような気になって教会へ帰ってきた。

教祖八十年祭を勇んでつとめさせていただいた直後、昭和四十一年の二月から四月まで、私は再度、修養科一期講師のご命を頂いた。このときもまた、別席のお話を一席から九席まで拝聴した。本当に別席のお話は何度聞かせていただいても、そのたびに新たな感動が湧《わ》く。心の洗われるような気がするのである。私はこの年、還暦を迎えていたが、若い人たちと三カ月間を暮らして若返ったような気がした。お道に年齢はないと言うけれども、還暦で元に返って、また一から再出発という気持ちであった。

その門出にふさわしいように、そのときできた天理よろづ相談所（憩《いこい》の家）の事情部講師というご命を頂いた。またおぢばに勤めさせていただける喜び。身にも心にも救いを求めてこのおぢばへ帰ってくる傷ついた人々に、喜びと安心と、そして再起への力を与えていただけるよう、ともどもにお願いするこの尊いお仕事に、お使いいただける自分——私は再び自分の生きる道を、はっきりとお示しいただいたのである。

「憩の家」の竣工《しゅんこう》式に、高松宮様ご夫妻がおぢばへお越しくだされた。そのご接待を事情部から、治道大教会長の奥様と私がご命を頂き、つとめたことも大きな感激であった。

教祖八十年祭のどよめきもようやく収まったころ、事情部講師の御用を勇んでつとめさせていただくとともに、いよいよ陽気ぐらしへの門出を心の目《め》標《どう》に、教会の御用に明け暮れていたが、天浦の有力な信者の方から、アメリカへおたすけに行くことを頼まれた。私は言葉も分からないが、おたすけとあらば世界のどこへでも、どうしてもやらせてもらいたい。しかし、初めての海外旅行であるし、昭和四年にパーマネントを習いに上海へ行って、一カ月滞在したことはあるが、それからもう四十年も経っている。どうしたものかと思ったが、娘の彬がアメリカの学校で学んでいたのを、教祖八十年祭だから一度日本へ帰ってくるようにと呼び戻したところであった。また学校へ戻るというので、娘と一緒なら言葉も多少しゃべれるし、またアメリカでのおたすけにも役立たせてもらえるというので、娘と二人でアメリカへ発《た》つこととなった。

アメリカへの途中、ハワイで降り、伝道庁に参拝した。庁長の井上護國先生には、出直した子供の博之がとてもご厄介になった。そのお礼も申し上げたいし、博之の学んだハワイ大学も一度見ておきたい。ハワイは特に感慨深いところである。伝道庁に二泊させていただいて、初めて見るハワイの風物はもの珍しく、方々を案内していただいた。博之の学んだハワイ大学の前に立ったとき、博之はずいぶん苦労したのだろうなと思って、胸がいっぱいになるのをどうすることもできなかった。

思い出多いハワイを後に、サンフランシスコからロサンゼルスへ、さらにシアトルへと飛び、信者さんの家に着いた。四、五日シアトルに滞在したが、そのとき初めてホテルに泊まった。あと二十日ほどアメリカ中を回ったが、行く先々に知人の家があり、そこに泊めてもらっては飛行場まで送り迎えしていただいた。そのほとんどが白人で、娘の知人の多いことも大変役立った。一番苦手の言葉の問題も、娘がいてくれてたすかった。アメリカでの一カ月の布教旅行は、私にとって大きな収穫であった。

この旅行で外から見た日本の結構さ、またお道のありがたさは十分に感じたが、また海外生活の厳しさも強く感じさせられた。私たち道の者が、日本にいながら、こんな厳しさを身につけていたらどんなにすばらしいだろう。あまりにも結構に甘えて、勝手気ままな日常生活を送っているのではないかと、私には感じられた。そうして私自身も反省しなければならぬと思った。

八十年祭後は不思議と毎年、アメリカ、フランス、ブラジルと海外へ行くことが多くなった。おかげで心もだんだん広く大きくなるように感じる。心が広くなれば、それだけ天の理に適《かな》うような陽気な心になる。それがまたおたすけにも役立つ、というように、ようやく自分も広いところへ出させていただけた喜びに、勇んで通る日々であった。

理の世界の不思議さ

教祖八十年祭の翌年、昭和四十二年秋のご大祭の日、私は突然、真柱様がお呼びであるというお知らせを頂いて、お玄関に伺った。それは、私の知人のHさんという方が、真柱様にお目にかかりたいと言ってお越しになっているとのことで、その日は秋のご大祭で真柱様はとてもお忙しく、Hさんは教外の方であるから、そんなことに気づかずに来られたのであろう。どうしてもお手の離せぬ御用が真柱様にあったので、しばらくの間、私がお相手をするようにとのことであった。

私も久しぶりにHさんにお目にかかったので、いろいろとお話ししていると、そこへ真柱様がお帰りになり、サロンに入ってきてくだされた。私もしばらくの間、同席させていただいたが、そのとき真柱様は、私に「憩の家」の模様をお聞きになった。「憩の家」で出直しはあるかとのお尋ねであったので、

「ほかの病院とは比較にならないほど、出直しは少ないようでございます」

と申し上げたところ、真柱様は、しばらくして、強く、

「いかん、一人も出直しはいかん」

と仰せになった。

その断固として、一人も出直しさせてはいかん、と言われるお言葉に、私は真柱様の「憩の家」にかけておられるご情熱を痛いほど感じて、ひと言も申し上げることはできず、ただうなだれるばかりであった。実際問題として、「憩の家」へは日本全国から、医者の手余りといわれるような患者さんが集まってくる。それは、東洋一ともいわれる病院、それに常に奇跡が現れてくる天理教のことは、ある程度一般の人も知っているので、それを期待してか、考えもつかなかった大勢の患者が入院してきた。そういうなかで、多少の出直しはやむを得ない、「憩の家」としては医療に、おたすけに、万全の手は

尽くしたうえのことだから……と思っていたが、一人も出直しさせてはいかん、とのお言葉に、あらためて真柱様の親心が深く、尊く感じられた。真柱様のこんなお心を、誰《だれ》が感じているだろうか。その親心に触れさせていただいたありがたさとともに、ことに事情部に勤めさせていただいている私どもは、この真柱様のお心を心として勤めねばならぬと、身にしみて感じたのであった。

それから数日後、大教会長が天浦へお越しくだされた。大教会長は真柱様のご代理として、明日、アフリカのコンゴへ発《た》たれるとのことであったが、その出発前のお忙しい時間を割いて来てくだされたのである。そのときのお話は、天浦の隣の土地を買い取ってはどうかとのことであった。そのお話に対して、私は、

「それはありがたいことでございますが、いまはとても買うことはできません。兵神大教会は東館を建てられるし、名田分教会はこれから神殿ふしんをしなければなりません。そんなときに土地を買うということは無理と思います。私は、いまは、少しでも多くおつくしさせていただきたいと思いますの

で……」

と申し上げたが、大教会長は、

「大教会の東館の支払いと、名田のふしんと、天浦の土地を買うことは関係ない」

と、きっぱりおっしゃった。このひと言に私も仕方なく、

「ハイ、分かりました。それでは買わせていただきます」

とお受けした。大教会長はその翌日コンゴへ出発されたので、私は羽田空港までご出発を見送り、東京で一泊して神戸へ帰ってきた。

　教会へ帰ると、私が東京へお見送りに行った日に、信者の一人が、

「教会の隣の土地を買ってお供えさせていただきたいと思うので、先生が帰られたら、すぐにお越しいただきたいのです」

と言って、教会へ来たとのことであった。私はあまりのことにびっくりしてしまった。大教会長が隣の土地を買うようにと言われたその翌日、それも私だけしか聞いていないのに、早速買ってお供えしようと言ってくださる。まるで作ったような、夢のような話で、一体これはどうしたことかと、あまり

のありがたさに、しばらくは呆然《ぼうぜん》とする私であった。

すぐに、土地を買ってお供えしようという人に会って聞くと、

「実は先生にはいろんなことで、ずいぶんたすけいただいてまいりましたが、私も主人が亡くなりましたので、もうすぐ息子に全てを任せようと思います。そういう気持ちになったので、自分でできる最後のご奉公として、あの土地を買わせていただきたいと思いまして……」

とのことであった。そうして、

「土地は一体どれくらいでしょうか」

と聞かれたが、私はそれまで買う気もなかったので、どれくらいするものか、全然知らなかった。一応確かめてみますからとお礼を言って帰り、地主に当たったところ、この辺は坪四万五千円が相場であるが、できるだけ安くしておきましょうとのことで、結局三百坪で一千三百万円ではどうかということになった。早速連絡すると、それで結構でございますから買いましょう、と言ってくださり、買い取る話は決まった。

ところがこの話が伝わると、天浦のほかの信者の人たちが、それは困ると

言いだした。あの方一人にしていただいては、自分たちのつとめるところがない。せめて半分ぐらいは皆でさせてほしいという申し出があって、結局土地の半分をその方が、あとの半分を皆がお供えしてくれるという、とてもよい話に落ち着いた。理の世界の不思議さ、大教会長のひと言を、神様のお言葉と受け取らせていただいたところに、どんな理の姿も現れてくる不思議さを、いまさらながらよく分からせていただけたのである。

それから約二週間後の十一月十四日、その日、私は大教会の巡教員として、兵庫県下の教会を回っていた。お話も済んで、控室へ戻ったとき、大教会から急ぎの使いの人が来て、思いもよらぬ真柱様お出直しの報に接したのである。あまりにも急であり、あまりにもの事の重大さに、何か目の前が急に真っ暗になったような気がした。立っている自分の足が、ガクンと崩れ落ちそうであった。しかし、そんなことを言ってはおれない。その場から車でおぢばへ駆けつけた。

大教会長は真柱様の代理としてコンゴへ行かれ、そのときはまだ帰ってこられなかった。大教会長の奥様もお留守中であったので、私一人が真柱様のお宅へ参上した。巡教先から教会へも帰らずに駆けつけたので、服装も普通のままであったから、奥様のお羽織を借用した。つい二週間ばかり前には、親しくお目通りさせていただき、お言葉も頂戴《ちょうだい》したのに、あの日が私にとって最後になろうとは、夢にも考えられぬことであった。謹んで真柱様のおそばまでやらせていただいた。お枕元に善衞様が静かに瞑目《めいもく》してお座りになっていた――亡き真柱様のあの堂々としたお姿をそのままに。万感胸に迫って言葉もなく、善衞様とお顔を見合わせたとき、思わず涙の頬《ほお》を伝うのを感じたが、拭《ぬぐ》いもやらずそのまま引き下がらせていただいた。

「ご苦労さん」

と、善衞様が静かにお言葉を下さったが、私には亡き真柱様が仰せられたように胸に響いた。

大教会長がコンゴから帰られたのは、そのしばらく後であった。あまりの悲しさに毎日毎日苦しまれているのをお見かけした。のちにコンゴでノソンガさんが、二代真柱様お出直しの報に接したとき、床の上を転び回って泣き叫ばれたと、大教会長から伺って、よくその気持ちも分かって、私たちの胸を曇らせたのであった。

道は若き真柱様のもとに、教祖九十年祭へ向かっての新しい歩みを起こしていた。二代真柱様を失った傷痕はあまりにも大きいが、ここで心を倒しては、二代真柱様の霊《みたま》様に申し訳ない。勇んでかかることこそ、亡き二代真柱様のご遺志に沿い、喜んでいただける道だと、皆涙を振りきって立ち上がった日々であった。

台風の日

昭和四十五年八月二十三日、台風が突如、中国地方を襲った。特に広島方面で被害が大きいとのことで、天浦の会長は、大教会長室長として、兵神部内教会の視察、慰問に行くことに急ぎ決まって、まだ嵐のおさまりきらぬなかを車で出発した。同行は夕張分教会長であった。夕張はまだ大教会に陞《しょう》級《きゅう》する前で、兵神の役員をしておられたのである。

出発後数時間、二十四日の未明、尾道付近で事故発生との急報が届いた。そのとき、とっさに一番心配したのは、分離直前の夕張の会長にお怪我《けが》はないかということであったが、幸いに夕張の会長も、運転していた人も大した怪我ではないとのことで、ひと安心であった。ことに運転をしていた青年の父母は、三十年近くも私たちに仕えてくれた人であったので、私は心からその青年の無事を祈った。事故発生の報とともに、大教会長の思召《おぼしめし》により、大教会役員の八子《やこ》先生とともに、夜明けの国道二号線を西へ向かった。

夜が明けきった二号線を進んで、尾道の街に近づいたとき、私は前方に見覚えのある私のコロナを見つけた。急いで車を止めて、飛び降りた。そしてその前方へ回って、私はアッと思わず声を立てた。車の前部は無残にも大破して、元の形を留《とど》めていないではないか。この車の状態では、と一瞬、頭から血の気が引いていくように感じた。会長は、主人は、どうなったであろう。近くの外科病院に収容されているというので、病院へ車を走らせ、ドアを開けた途端、そこの院長らしい人が、役所へか警察へか知らないが、電話をかける声が耳に響いた。

「……一番年寄りの人の出血が止まらず、多分危ないと思う……」

その言葉を聞いて、全てを了解した。私の胸は早鐘をつくように騒いだ。院長は、私たちがその電話を聞いたことも知られなかったのであろう、電話を切ると振り向かれ、っています」

「やあ、家族の方ですか。すぐ病室へ入ってください。血が止まらなくて困と言われる。院長について二階の病室へ上がると、会長は苦しんだのか、手も足もベッドにくくりつけられて、見るも痛ましい姿であった。

酸素吸入の管、排尿管などが取りつけられているなかに、会長をベッドにしばりつけている赤い紐《ひも》が手足に食い込んでいるように思われる。なぜくくりつけてあるのかと聞くと、意識は不明でも手足を動かすので、そのたびに出血するから、くくっておかねば危ないとのことである。見れば会長の顔に、ガラスの破片がいっぱいくっついている。いまの私には、せめてその破片を取ってあげることしかできない。私はその一つ一つを取りながら、早く意識が戻るようにと心のなかで祈った。

そこへ名田の会長が駆けつけてくださり、早速おさづけを取り次いでくださった。私もできるだけのおつくしの心定めをして、ともにお願いさせていただいた。事情部の深谷忠政先生からの電話で、四時間ごとにおさづけを取り次がせてもらうようにと言ってくださった。名田の会長はそこに座ったまま、四時間ごとにおさづけを取り次いでくださった。

　必死にお願いする苦しい時間が続いた。たしか二十四回目のおさづけで、意識は回復した。会長は不思議そうに私を見、周囲を見回した。

「なぜ、こんなところにいるのか」

と私に聞くので、私は黙ってそっと笑っていると、一生懸命に考えている様子であった。やっと気がついたのか、

「事故だったんだな」

と言うので、簡単に、

「そうですの」

と答えた。

　そこへ看護婦さんが来て、含漱《うがい》をするようにと言う。コップを口にあて、頭をすこし横にして含漱をすると、口のなかからガラスの破片がガラガラと音を立てて出てきた。鼻のなかからもごく細かい破片が出た。よくも口のなかにこれだけもあったものと、驚くほどのガラスであった。やっと意識が回復したので、酸素も尿の管も外し、手足も自由にした。これが一番嬉しく、

院長も、これだけの重体にもかかわらず回復の早いのに、驚きながら喜んでくださった。この様子なら、夕張の会長も、運転の青年も、一緒に退院できましょうと、見通しは明るかった。

これでひと安心と思い、私はそのとき事情部へ長期勤務中であったし、教会住み込みの中市さんの奥さんが世話してくれることになったので、おぢばへ引き揚げた。そして毎日、事情部へ勤めさせていただいていた。

九月二日の朝、勤務中のところへ「会長容体急変」の電話が入った。すぐ尾道へ来るようにとのことである。「憩の家」脳外科の部長先生が一緒に行ってくださることとなり、車で尾道へ急行した。国道二号線はひどい混雑で進行ももどかしく、夕刻に尾道へ到着した。会長は再び意識不明となり、昏《こん》昏《こん》と眠っている。先生方がいろいろ調べてくださるが、なかなか病状が分からず、とうとう意識不明のままレントゲンをかけたところ、肺炎を起こして、それで重体になったことが判明した。

外科病院では手当ての方法も難しいので、相談の結果、岡山大学の病院に移すこととなった。九月三日の午後である。寝台車で尾道から岡山へ、付き添ってゆくその道中、私はただただ親神様に祈りつづけた。この人をいま死なせたくない。しかも、こんな事故で出直させたくない。いろんな道すがらはあったけれども、いまこうして道の御用に徹して通ってくれている人に、立派に御用を果たさせてあげたい。私のお詫《わ》びも届いていない。私の身に代えても……と思った。岡山大学病院へは三日の夜になって着いた。

会長は岡山大学で手を尽くしていただいた甲斐《かい》もなく、九月四日未明に出直した。六十三歳であった。遺骸はそのまま車で天浦分教会へ帰ってきた。私はもう何も言うことはなかった。不思議とあまり涙も出なかった。心のなかでただ、長い間ご苦労様でしたと呟《つぶや》いたのであった。私は力が抜けてしまったようで何もできなかった。皆さんが寄って、とても盛大にお葬式をしてくださったが、私は何もしなかった。ただお詫びするばかりであった。

葬儀が済んで、私はすぐに長男の範三を天浦の二代会長にと考えていた。しかし、これは自分の思うままにはならない。兵神大教会長、深谷先生などもご相談くださって、私に後任をせよということであった。私はお言葉のままに、ご命に従うこととした。ただし、教祖九十年祭まで、五年間だけつとめさせていただくということで、そのお許しを得た。こうして私は、思ってもいなかった天浦の二代会長にならせていただいたのである。

教会長任命のお許しを十月二十七日に頂き、奉告祭を昭和四十六年一月十日とお定めいただいた。神床の張り替え、廊下の板の取り替え、御簾《みす》や畳の新調などもしなければならない。先に会長の事故から出直しまで、十日ほどの間であったが、いろいろ費用もかかり、また何とかご守護いただきたいと無理な工面をしておつくしした後で、教会は苦しかった。しかし、皆の真実が集まって調度もでき、奉告祭当日には大教会長のお入り込みを頂き、理立てとして一千万円のお供えをさせていただいたことは本当に嬉しかった。いまでこそ一千万円といっても珍しくはないかもしれないけれども、その当時の天浦としては0の数字のひと桁多い、思いもよらぬご守護であった。おつくし、おつくしとひたすら願ってきたが、とうとう念願の果たせたことが、言葉の出ぬほど嬉しかった。ここまで連れて通ってくださった親神様、教祖に、盛大な奉告祭のなかで、私は泣いてお礼申し上げたのであった。

海を歩いて——垂水まで

教祖八十年祭のときに、初めてアメリカ各地を回って布教させていただいたが、その後、ホンコンに布教所を頂き、ブラジル、フランスに神様をお祀《まつ》りしていただくところができ、またドイツにも神様をお祀りさせていただいた。そのおかげでそれらの国々へやらせていただく機会も多く、二代真柱様のご遺志であり、大教会長の思いでもある海外布教に、いささかでもお役に立てばと思っている。

私は前会長の事故による出直しという、全く思いもかけぬ出来事によって、天浦分教会の二代会長にならせていただいたが、就任当時のお約束通り、教祖九十年祭をつとめさせていただいてその春、昭和五十一年四月二十六日に辞任して、三代会長に長男であり後継者の木下範三が就任した。五月十六日に範三の就任奉告祭をつとめ了《お》えて、大教会長にお礼のご挨拶《あいさつ》に伺ったところ、会長を辞めたのだから、海外の兵神部属の教会を全部回り、特にブラジル芳洋《ほうよう》教会の教勢のうえに丹精をしてくるように、とのご命を頂いた。予定はアメリカに一カ月、ブラジルに三カ月滞在して、しっかり腰を落ち着けて仕込んでくるようにとのことであった。

事情部へお願いして四カ月間のお休みをもらい、その年の七月二十六日、ご本部の月次祭を終えてすぐ出発させていただいた。アメリカに一カ月滞在して、兵神関係、天浦関係のところを回り、九月二日ブラジルに向かった。その出発の直前、ご本部の北礼拝場床下放火の急報が届いて一同驚いた。驚くというよりは、いかなる神意かと恐れたのであった。私と同じようにアメリカ各地を回っておられた、私の知人のある大教会長は、この報に旅行も取りやめ、急きょ日本に帰られた。私は遥《はる》かにおぢばを伏し拝み、北礼拝場ご無事のお礼を申し上げてからブラジルに向かった。

ブラジル芳洋教会長と私とは、不思議な縁につながる長い知己《ちき》である。私が詰所に勤めていたとき、この建林さんは天理大学となる前の天理外語の最後の学生で、家が大阪にあって通学していた。試験のときなど、空いている部屋を使わせてほしいと言って、五、六人の学生と勉強していたが、ある日、勉強が終わったというので、私がお茶を持っていってあげた。試験も済んでほっとした学生たちと、お茶を飲みながらお道の話をさせてもらっていたが、ふと私は心に思い当たることがあって、このなかで建林さんは必ず信仰されるようになりますよ、と言った。当の建林さんは変な顔をして、なぜぼくが信仰に入るんですか、自分は全然そんなことは考えていないのに、と言っていた。なぜという理由は分からないが、とにかく信仰するようになるでしょうと、話はそれ以上に進まず、その日は別れた。

その後、建林さんの姿は全く見えなかった。だいぶしてから建林さんが身上とのことを聞いたので、早速詰所にいる彼の友人に様子を聞いたところ、建林はいま入院していると言う。ぜひ会いたいと伝えてもらったら、もうすぐ退院できるので、退院したらお会いしに行くと言っている、との返事だった。

しばらくして建林さんは退院したらしく、会いに来てくれた。私はかねてから思っていた通り、建林さんに修養科に入るように勧めた。彼はいろいろと入りにくい事情を述べていたが、最後にはとうとう納得して修養科に入ってくれた。

修養科を出た建林さんは、教会へ住み込んで勤めてくれた。そうすると親の反対も相当なものであったが、そのなかを建林さんは、ますます熱心に道一条に進んでくれた。でも、時々実家へ帰るたびに、悲しい思いをしているようであった。そのうちに、私の実家である西村家の長女敏子さんとの縁談がまとまった。それで初めて建林さんのご両親も喜んでくださった。西村家では建林家から頂いた結納金を全部お供えしてくれた。そして二人は、兵神大教会が須磨へ移って初めての結婚式をしていただいた。実に質素な式ではあったが、心に残る結婚式でしたと、いまでも誰もが言っている。そんなに祝福された二人であった。

大教会で結婚式を挙げた建林夫妻は、すぐに海外布教要員の心定めをしてくれた。大教会が須磨へ移って手も要るので、大教会に青年づとめをするようにとのご命を頂き、夫婦で大教会に住み込んで勤めた。大教会づとめが満二年になったとき、私は海外布教を勧めた。二人とも異存はなく、布教に出ることに決まったが、さて布教地をどこにするかについて、大教会長に伺ったところ、ブラジルが良いと思うから、行くならブラジルに、というお言葉があり、行き先はブラジルと決まった。

上級名田の会長は、全く知人もいないところへ行くのだから、何か仕事でも覚えてから行ってはどうかと言われる。私の実家の西村家は自動車の修理工場をしているので、そこで自動車の整備でも覚えて行ってはどうかと勧められた。私は、その親心はありがたいけれども、せっかく思いきってブラジルまで行くのだから、逆に仕事を覚えて行くのだったらそんな遠いところに行く必要はないと思った。そして建林夫妻に、よく相談して布教なら布教一本で行くべきではないか、それが不安ならやめてもよいから、と話した。建林夫妻がとうとう何も覚えず、神一条の道を通りきる決心をしてブラジルへ渡ったのは、昭和三十二年十二月十七日、寒い師走であった。

ご分家中山正信先生をはじめ、実に多くの人に見送られ、船は正午出帆の予定であった。天浦からも百名近い見送りの予想で、突堤へお昼の弁当にと、おすしを作って持っていった。積み荷の都合で出帆が遅れ、短い冬の日はもう暮れかかっていた。それでも寒い突堤の風に吹かれながら、誰一人帰ろうとせず、船の出るまでいてくださった。そんななかを、建林夫妻を乗せたぶらじる丸は「蛍の光」に送られて岸壁を離れ、小暗い海を進んでゆく。もう顔もはっきり見えなくなって、建林夫妻は誰に用意してもらったのか、手に提灯《ちょうちん》を振っている。

船は次第にスピードを速め、提灯はだんだん遠くなってゆく。敏子さんの両親である西村の兄夫婦は、その提灯の灯《ひ》がとうとう闇《やみ》のなかに見えなくなるまで、身じろぎもせずに立ちつくしていた。

そんなにまでして建林夫妻を遠いブラジルへ布教に出したのだから、どうぞ道から外れんよう、心くじけんようと毎日、朝夕祈っていたが、大教会長の親心を頂いてブラジル芳洋教会が誕生し、建林さんはめでたく兵神直轄教会の会長をつとめてくれることとなった。

その後、子供に恵まれない建林夫妻のために、大教会長の思召《おぼしめし》で、私にとっては孫に当たる天浦分教会現会長の次男、当時七カ月だった進を、ブラジル芳洋の後継者として、おぢばに帰っていた建林夫妻にお預けさせてもらった。進の母である昭子は、そのとき既に次の子を宿していたが、遠いブラジルへわが子をやることには容易に納得できずにいた。しかし、一人の子供も欠かさずに、皆揃《そろ》って健康に恵まれていることを思うと、木下家のいんねんから考えても身に過ぎるほどのご守護を頂いているし、また大教会長がいかに海外の道のうえにお心を遣ってくださっているかを考えたとき、昭子も、その深い思いを分かってくれて、真にありがたいという思いに変わってくれた。

その後、私がブラジルへ行ったときも、建林夫妻がおぢばに帰ってきたときも、進は、可愛《かわい》がって育ててもらっているなかに、教会の子弟として、よいふぼくとして成長していてくれた。幼いときから朝夕のおつとめでは鳴物を叩《たた》き、またおつとめの後のてをどりの扇配りや、「おふでさき」を運ぶ姿に、建林夫妻の並々ならぬ丹精がうかがわれ、大教会長の海外布教の熱意を建林夫妻が強く心に刻み込んだ賜物《たまもの》と、心よりありがたく思っている。

そんな芳洋教会へ修理のご命を頂いて行けるのは、本当に嬉しいことであった。建林さんは、いわば私の手塩にかけた理の子であり、奥さんの敏子さんは姪《めい》である。また、後継者の進は私の孫である。そんな肉親関係は第二として、ブラジルで兵神、いやお道が伸びて、いささかでも親神様の思召、真柱様のお心に沿い得たならば、こんな喜ばしいことはない。何とかして道の伸びるよう、しっかり練り合い、つとめなければならないと思った。

ブラジル芳洋教会では、社会とのつながりのうえに、また会長と信者の心のつながりのうえに、いろんな問題もあったらしいが、それも神様の先回りのご守護と、会長夫妻の真実によって、きれいに解決されていた。皆はるばる修理巡教として行く私を喜んで待ってくれていた。

それより三カ月後、ブラジル芳洋教会創立二十周年の記念祭が、大教会長、役員先生をお迎えして盛大に行われた。ブラジル芳洋教会の誕生は全く大教会長のお慈悲と、ブラジル伝道庁長大竹忠治郎先生のご指導とお骨折りによるものであるが、いま無事に二十周年を迎えることができて、大教会長も大竹先生も心から喜んでくださった。ブラジル芳洋の道の栄えを祈りつつ、私は大教会長のお供《とも》をして日本へ帰った。

ブラジルから帰ったのは十一月二十一日であったが、二十三日は大教会の月次祭。その翌日、二十四日に上級名田分教会長が四十歳という若さで出直された。全く考えられなかった悲しい節であった。

一方、天浦分教会でも兄嫁の久子姉が、私がブラジルへ発った後、教会長資格検定講習を受けに行っておぢばで身上となり、「憩の家」へ入院していた。私にとって常に良き相談相手であり、教会のうえに尽くしきってくれた姉であり、いままたブラジルへ娘を送っている母である。私はこの知らせをブラジルで聞いたとき、遠く離れたブラジルでどうすることもできないが、娘の敏子さんと一緒に心の限り練り合い、心定めをしてお願いさせていただいた。私の帰国当時は一進一退であったが、遂にご守護を頂くことができず、翌年四月二十一日に出直しとなった。久子姉は天浦のうえに、末代消えぬ理の伏せ込みをしてくれて、心安らかに出直したのであった。

私の留守中に、教会のなかに私の部屋を建ててくれていた。私の想像もしていなかったような、分不相応な建物を、私は本当にもったいないと思った。そのとき、ふと気がついたのは、私のために建てていただいたこの部屋の土地は、二十年前、天浦の初代会長のために、結婚後初めての真実を尽くして、何とか満足していただきたい、喜んでいただきたい、好きなことをしてもらうようにと、土地を手放してお金を作り、神様のご守護を頂くきっかけを大教会長が作ってくださって、そして与えていただいた土地であった。主人を喜ばせようと苦心したその土地に、私の部屋が建つとは夢にも思っていなかったことだった。全く不思議なめぐり合わせに、私は親神様の深い思召に打たれて、その部屋に立って感慨無量であった。

いま、この部屋を、身上事情のご相談に、楽しい会食に、憩《いこ》いのひとときに使わせていただき、そうしてこの文を書いているのもこの部屋である。楽しい日々が、朝この部屋から生まれ、夜この部屋に落ち着く。本当に恵まれた日々を、私は心から感謝しつつ通らせていただいている。

私はおかげで元気で、身体の衰えを感じることもない。東に西にと布教の丹精に、また理の御用に、若い人以上に忙しいなか、毎日十二下りのてをどりを心勇んで勤めている。人のご守護、お金のご守護、健康のご守護を頂き、それを生かして、ただただ感謝の毎日を送らせていただいている。四十六年の道一条のおかげで、いまの天浦には、西郷、希望、親之手、信頼、輝《かがやき》の五分教会、さらに十七の布教所と、三つの出張所をお与えいただいている。皆それぞれ日夜たすけ一条のためにつとめ、励んでくれている。これらの人たちに励まされ、護《まも》っていただいて、私も身体はとても忙しいが、それでも疲れを知らず、大教会の御用、上級の御用、また事情部の御用にお使いいただいている。元気でありがたくつとめさせていただきつつ、ますます心の成人、心のふしんを目指して、教祖百年祭は申すに及ばず、いついつまでもお与えいただく命の続く限り、つとめさせていただきたいと、強く念願している。

思えば脇の浜から垂水の海まで、呼べば答える海原を、こんなにも長年かかって歩いてきた。荒い海、静かな海、怒濤《どとう》の海、さざなみの海、凪《な》いだ海――そのなかを、教祖の海にも似た広い大きな親心に抱かれて、また皆様の温かいお導きを頂いて、ようやくここまで歩いてきた。

振り返って、自分のような者が、よくもここまで来られたものと思うが、これもいいんねんの深さに恐れおののきつつ、この綱だけは離すまじと、命綱の一本を頼りに、懸命に縋《すが》りついてきたおかげであろうか。親神様、教祖が、強い強い命綱を天から垂らしてくだされたありがたさ、かたじけなさ。その思いよりほかに、いまの私には思うことはない。喜びに溢《あふ》れ、感謝に満ちて、いま私の思い出の記の筆をおく。

あとがき

入信以来、幾歳月を経て、いま振り返ってみると、美容室時代に神様をお祀《まつ》りさせていただいたとき以外、布教所を頂いたときも、教会名称を頂いたときも、また部内教会を持たせていただいたときも、（一カ所を除いて）すべて親の声に沿わせていただいただけで、自分から望んで教会設立のご守護を頂こうなどと考えたことはなかった。

私も、長く信仰させてもらっているうちに、だんだん神様の御理の尊さに気づかせていただいて、この重大な旬に、何とか自分から進んで心の成人をさせていただきたいと思っていた。そこで、四年後にお迎えする教祖百年祭までに、部内教会をもう五カ所ご守護いただきたいと思い、あるとき現会長に打ち明けたところ、会長は少し戸惑った様子だったが、快く私の思いを受けてくれた。早速、思い当たる四人の布教所長と出張所長にその旨を話したが、その後、その四人のそれぞれに大きな節を見せていただいた。教祖のお働きとお慈悲をまざまざと感じさせていただいた次第である。節をお見せいただくときは、教祖に一番近いときであると思う。教祖に守られている喜びこそ、私たちの今後の信仰の歩みを進めるうえでの原動力であることを分からせていただいて、心から教祖にお礼を申し上げている。

私は昭和三十九年に、電気も水道もない垂水の現在地に移ったが、形のうえで一番不自由をしていたその当時、信仰の支えとなっていたのは、おつとめであった。夜中でも目が覚めたら暗いなかでみかぐらうたを唱える。国鉄垂水駅でも唱えさせていただいた。明けても暮れてもおつとめとみかぐらうたが頼みの綱だった。それから二十年、教会では、朝づとめ後に、鳴物を入れて全員で勤めさせていただいている。不思議なご守護を頂いた母が、夜となく昼となく歌いつづけたみかぐらうた。その喜びを肌に感じ、母から受け継がさせていただいている。

天浦分教会は、今年の三月十四日に創立四十周年を迎えさせていただいた。私のような者を、よくここまでお連れ通りくだされたと、教祖の御ひながたをお慕い申し上げながら、お礼をさせていただいている毎日である。心の成人を目指して、新たな喜びを求めて、今後も精いっぱい、つとめさせていただきたいと心に誓っている。

本書の出版に当たって、ご尽力くだされた方々にお礼を申し上げます。

昭和五十七年四月十四日

木下寿美子

この本は、昭和五十七年（一九八二年）に天理教道友社から刊行されました。

木下寿美子（きのした・すみこ）

明治38（1905）年、神戸市生まれ。24歳で当時一流の技術を備えた美容室を経営。華やかな有名人との交流は谷崎潤一郎の小説『細雪』のモデルにもなった。

幼い時からお道の雰囲気の中に育ち、人生への悩みから31歳で道一条を決意。昭和13（1938）年、大《たい》和《か》布教所設置。17年3月、修養科修了。まもなく夫木下一夫が尼ノ浦分教会長に就任。26年、教会移転とともに名称を「天浦」と変更。28年10月、教会の建物を手放し上級琴緒分教会入り込み。翌年2月、教会復興。41年、天理よろづ相談所事情部講師。45年10月から51年4月まで天浦分教会長。平成13（2001）年8月11日、96歳で出直し。

DOYUSHA BUNKO
道友社文庫
つくし・救《すく》いの道《みち》

立教177年（2014年）3月26日　初版第1刷発行

著　者　木下寿美子

発行所　天理教道友社
〒632-8686　奈良県天理市三島町271
電話　0743（62）5388
振替　00900-7-10367
TENRIKYO DOYUSHA

印刷所　株式会社天理時報社
〒632-0083　奈良県天理市稲葉町80

ISBN978-4-8073-0582-7
定価はカバーに表示